本项目受教育部"三全育人"综合改革试点工作专项经费和上海市高校思想政治工作队伍培训研修中心经费资助

塑体铸魂

——时代新人成长之路

主　编　刘　润

副主编　王小莉　田苏宏

人民出版社

编 写 委 员 会

主　编：刘　润

副主编：王小莉　田苏宏

委　员：（以姓氏笔画为序）

丁瑞庭　马林海　王　宁　王　映　王小莉　方雅静

田苏宏　刘　润　许嘉城　孙海燕　李　博　李小蜜

李疏贝　杨霖怀　吴晓培　张小凡　张南华　陆丽君

陈　城　陈春霞　金文心　赵　盈　贾童谣　夏贞莉

徐　迅　徐纪平　殷娣娣　崔　莹　崔欣玉　谭　武

序 言

习近平总书记在全国教育大会的重要讲话明确指出，教育是国之大计、党之大计。他强调，我国是中国共产党领导的社会主义国家，这就决定了我们的教育必须把培养社会主义建设者和接班人作为根本任务，培养一代又一代拥护中国共产党领导和我国社会主义制度、立志为中国特色社会主义奋斗终身的有用人才。他特别强调，要努力构建德智体美劳全面培养的教育体系，形成更高水平的人才培养体系。

在长期的办学实践中，同济大学始终坚持立德树人根本任务，把培养德才兼备的一流创新人才作为崇高使命和责任，确立了"人格、知识、能力"三位一体的人才培养模式，努力使每一位学生经过大学阶段的学习、熏陶以后，坚定理想信念，具备"通识基础、专业素质、创新思维、实践能力、全球视野、社会责任"综合特质，成为引领未来的社会栋梁与专业精英。

2018年10月，同济大学获批全国首批"三全育人"综合改革试点高校。在推进"三全育人"综合改革过程中，我们进一步思考与探索，作为世界一流大学建设高校，如何围绕立德树人根本任务、结合新时代的社会发展需要和人才培养目标，细化与深化德智体美劳"五育"并举的人才培养格局与内涵要求。在过去一年中，我们认真解读新时代"五育"的科学内涵，以建设新生院"三全育人"综合改革示范区为抓手，协调各部门、各学院育人资源，完善具有同济特色的大类招生、大类培养、大类管理联动的人才培养体系，研究梳理德智体美劳全面发展的培养指标体系和培养路径，着力形成具有同济特色的人才培养模式。在此基础上，我们积极研究和构建新时代大学生德智体美劳全面发展的核心素养模型，从德智体美劳"五育"入手，就德行养成之道、知识学习之法、能力锻造之路、身心强健之决、美育涵养之旅、劳动教育之方，向青年学生阐述德育、智育、体育、美育、劳育的内涵、意义和培养路径，为青年学生的成长成才提供思想引领和价值导向，积极培养社会发展、知识积累、文化传承、国家存续、制度运行所需要的人才。

"德智体美劳"就像一栋房子的建造："德"好比这个房子的地基和梁，具有基础性地位。养"德"要让学生坚定理想信念，将社会主义核心价值观内化于心、外化于行，既要根基扎实，又要立身高远；"智"分为知识和能力，知识就像房子的砖，能力就像由砖累积而成的墙，要教育学生做到学思结合、知行合一，增强自身的创新精神和实践能力；"体"既包含身体，又包含心理，是这个房子的柱子，就是要教育学生强身健体，激励学生为实现人生理想而坚持自我锻炼，"为祖国健康工作五十年"；"美"如房屋的装饰，既有内饰，又有外饰，要以美育人、以文化人，让学生学会感知美、鉴赏美、创造美；"劳"就是建造房子的整个过程，就是让学生通过参加适应年龄特点、符合时代特征的劳动活动和创造活动，让学生在干中做，在干中学，在体力上和精神上达到统一，成为身心和谐发展的时代新人。通过解读新时代德智体美劳"五育"的科学内涵，我们进一步总结和凝练"三全育人"的成果和经验，从内涵意义、目标和指标体系、培养实施路径等角度出发，丰富和优化学校人才培养工作体系，形成同济的人才培养优势和特色。

今天，党和国家事业发展对高等教育的需要，对科学知识和优秀人才的需要，比以往任何时候都更为迫切。高校作为人才培养的重要阵地，所承担的使命比以往任何时候都更加神圣，所肩负的责任比以往任何时候都更加重大，同济大学要更加主动担当作为，扛起时代重任。回顾同济大学113年的建校历史，始终是与国家民族同呼吸、共命运的历史，始终是带着责任与担当砥砺前行的历史。面对新形势新任务，作为教育工作者，我们要树立山一样的崇高信仰，把个人的理想与祖国的命运紧紧联系在一起，把个人志向与民族振兴紧紧联系在一起，用不凡业绩为党和人民的事业添砖加瓦；要涵养海一样的为民情怀，把立德树人作为一切工作的出发点和落脚点，面向未来培育一流人才，以人为本，服务师生；要锻造铁一样的责任担当，在攻坚克难中追求卓越，在创新创造中勇立潮头；要点燃火一样的奋斗激情，以永不懈怠的斗争精神和一往无前的奋斗姿态，团结一心，把学校各项事业不断推向前进。

青年兴则国家兴，青年强则国家强。我们要把一代又一代的优秀青年培养成为中国特色社会主义事业的建设者和接班人，培养成为国家和民族的栋梁之才，培养成为引领未来的人；我们更加需要教育青年学生充分认识全面发展的意义，帮助他们找到全面发展的路径，引领他们擦亮人生的奋斗底色，鼓励他们把梦想汇入时代洪流，让蓬勃青春与家国情怀同频共振，让奋斗的青春色彩更加绚烂。

教育是民族振兴、社会进步的重要基石。本书谨以同济大学在"三全育人"综合改革试点工作中，关于人才培养的思考和实践，向奋斗在一线的教育工作者们致敬。希望这本书能激发更多思考，能给予青年学生成长的启迪；希望我们的青年学子，将责任与担当扛在肩上，同人民一起奋斗、一起前进，把青春融入中华民族伟大复兴的时代征程，让青春更加亮丽与昂扬。

是为序。

同济大学党委书记
2020 年 4 月

目录

第一章 夯基固本——大学生德行养成之路 1

第一节 高山景行——大学生德育的内涵与意义 3
第二节 厚德载物——大学生德育的培养目标与指标体系 13
第三节 止于至善——大学生德行养成的实施路径 26

第二章 垒土成墙——大学生知识学习之道 39

第一节 集腋成裘 聚沙成塔——大学生知识体系培养的
内涵与意义 41
第二节 编织成网 融会贯通——大学生知识体系的建构 53
第三节 多闻博识 知行合一——大学生知识体系的
培养路径 61

第三章 固壁擎天——大学生能力锻造之路 75

第一节 择高而立 材优干济——大学生能力培养的
内涵与意义 77
第二节 学若多能 擎天架海——大学生核心能力
体系的构建 84

第三节　欲责其效　必尽其方——大学生能力体系的
　　　　实施路径 107

第四章　立柱架梁——大学生身心强健之路 123

第一节　夯实基础　筑梦强国——大学生体育的内涵与意义 125
第二节　两翼齐飞　青春同行——大学生体育培养
　　　　体系的构建 137
第三节　双轮驱动　磨砺青春——大学生体育培养
　　　　实施路径 144

第五章　施绘雕饰——大学生美育涵养之旅 153

第一节　以美而育　向美而生——大学生美育的
　　　　内涵与意义 155
第二节　各美其美　美美与共——大学生美育体系构建 166
第三节　美中寓教　育美于境——大学生美育培养实施路径 174

第六章　营楼筑宇——大学生劳动教育之方 185

第一节　日用而知　人之为人：大学生劳动教育的
　　　　内涵与意义 187
第二节　知情技行　劳而不伤：大学生劳动教育
　　　　培养体系构建 198
第三节　人应有业　生当尽勤：大学生劳动教育
　　　　培养实施路径 206

后　记 217

第一章

夯基固本
——大学生德行养成之路

"有两种东西，我对它们的思考越是深沉和持久，它们在我心灵中唤起的惊奇和敬畏就会日新月异，不断增长，这就是我头上的星空和心中的道德定律。"这句话出自康德的《实践理性批判》，同样也是他的墓碑铭文。星空因其寥廓而深邃，让我们仰望和敬畏；道德因其庄严而圣洁，值得我们一生坚守。与星空的浩瀚与深邃相比，真切与平实的道德作为生活的指路明灯闪亮每个人生活的各个角落。道德彰显国家的价值导向，代表社会的公序良俗，表达了人们对美好情操的向往。

"人而无德，行之不远"。巍巍高楼凌云霄，没有道德之基石，人生之高楼难以修建成型。大学生德育既需要家长、教师、学校和全社会的教育培养，同时也需要大学生加强自我德性修养，将道德风尚的营造和浸润相结合，将道德规范的教授和学习相结合，将道德行为的垂范和践履相结合，培养锻造以德为先，德才兼备，成为能够担当民族复兴大任的时代新人。

第一节 高山景行——大学生德育的内涵与意义

一、大学生道德人格构建：青年应立什么样的德？

（一）"德"是中华传统文化体系的精神内核

"德"，通常认为是指"道德"。不过古代先哲所讲的"道"和"德"在内涵上是有区别的。"天行为道，人伦为德。"这里的"道"是指自然规律，"德"是指人世规范。同样，老子在《道德经》中也提出："道生之，德畜之，物形之，势成之。是以万物莫不尊道而贵德。"老子所说的"道"，即化生万物，是万物的起源，是普遍的原则、理念；"德"，即养育万物，是万物的慈母，是个人的心地和行为。但是"道"和"德"又是密切联系、相互依存的，"道"内化于心、外化于形即为"德"，也就是"道德"一词的由来。

儒家思想对于"德"的内涵有着更为深入的演变和阐述，儒家的德育思想把道德教育作为实现政治目标的手段和工具。孔子提出，人伦之德的核心在于"仁"、在于"仁爱之心"，孟子随之添加了"本善之性"，这成为儒家德育思想的核心范畴和最高道德原则。儒家思想甚至认为，人与动物的区别就在于其道德性。因此，长期以来，"德"成为中华传统文化中判断一个人最根本的尺度，甚至是判断一个政党、一个政权政治表现的标尺。随着历史的演变，传统的"德"文化在不断发展和变化中形成了一套完整的信念和价值体系，"德"成为一个人安身立命的根本，成为一个国家繁荣兴盛的关键。如宋元理学中所蕴含的"孝、悌、忠、信、礼、义、廉、耻"等德育思想，清代《朱子治家格言》中关于个人立身、国家立世和民族立林的诸多金玉良言，近代新文化运动中的公民道德建设等，都是不同时代赋予"德"的内涵解读。中华传统文化体系，把道德对个人、家族、国家的意义推向了极致，倡导积德行善、厚德载物，重视道德教化和道德修养，并在五千年文明的传承中流传下来优秀的道德品质、优良的民族精神、崇高的民族气节、高尚的民族情感以及良好的民族礼仪。

五千年来，中华民族优秀的精神文化历经变迁，焕发出民族奋进的光芒，是中华民族的根与魂。而今天我们所说的"德"，则是中华优秀传统文化与马克思主义道德观相结合的产物，包括立中华民族传统文化之德、立社会主义核心价值观之德，也包括立传承红色基因之德和立修身向善、勇于担当之德等内容。①"国无德不兴，人无德不立"，"德"不仅对个人修身立业和国家兴盛发展具有重要作用，"德"还能够引导人们追求至善，教导人们认识自己、认识社会道德生活的规律和准则，教导人们认识对他人、对社会、对国家应负的责任和应尽的义务，从而正确选择生活道路和规范日常行为。

（二）"德育"是新时代高校教育工作体系的灵魂

德育一词起源于劳动和社会生活，是近代以来出现的新概念。德育最早由康德提出②，在康德看来，所谓德育教育就是遵从道德法则、培养自由人的教育。英国学者斯宾塞在《教育论》（1860年）一书中，把教育分为智育、德育、体育三个方面。从此，德育逐渐成为教育世界中的一个基本概念和常用术语。

德育一词于20世纪初传入我国。1902年的《钦定京师大学堂章程》，最早出现了德育一词，"外国学堂于知育体育之外，尤重德育"③；1906年，王国维将"德育""智育（知育）""美育"合称为"心育"，与"体育"相提并论，论述教育的宗旨；1912年，蔡元培提出了五育并举的思想，他提倡以公民道德教育作为教育的中心，德智体美劳和谐发展。此后，"德育"

---

① 参见陶陶、付欣：《习近平新时代中国特色社会主义德育思想的精神实质与时代意义》，《教育理论与实践》2019年第6期。
② 参见[德]康德：《论教育学》，赵鹏译，上海人民出版社2005年版，第13页。
③ 舒新成：《中国近代教育史资料》，人民教育出版社1962年版，第549页。

一词已成为我国教育界的通用术语;[①]1929年出版的《中国教育辞书》将德育解释为:"道德教育训练道德品格之教育也。一称德育"[②];1995年公布的《中国普通高等学校德育大纲》将德育解释为:"德育即思想、政治和品德教育";1998年《中小学德育工作规程》中将德育规定为:"德育即对学生进行政治、思想、道德和心理品质教育。"[③]由此可见,德育的内涵在我国是随着时代的发展而不断变化的。

在新的时代背景下,德育,特别是大学生德育被提高到愈加重要的地位。习近平总书记在同北京师范大学师生代表座谈时指出,学生是未来实现中华民族伟大复兴中国梦的主力军,是中华民族的"梦之队",大学生"要励志,立鸿鹄志,做奋斗者"。对于新时代的大学生,作为"梦之队"的一员、作为奋斗者,首先要"立德",因为德是方向,一个人只有明大德、守公德、严私德,其才方能用得其所。大学生的修德,既要立意高远,又要立足平实。要立志报效祖国、服务人民,这是大德,养大德者方可成大业。

(三)大学生德育包含的基本内容

新时代中国特色社会主义德育,是在中国共产党领导下,在马克思主义的世界观、人生观和价值观的指导下,在融合了马克思主义道德观念、中国传统道德思想和世界上其他国家道德观念中优秀成分的基础上,不断发展的关于道德的思想和观念,主要包含理想信念教育、社会主义核心价值观教育、道德规范教育以及责任与使命教育等具体内容。

1.理想信念是大学生成才之"基"

"志不立,天下无可成之事。"理想信念不是对经验的简单照搬,而是存在于不断的理性探索之中;不是"太忙碌于现实""太驰骛于外界",而是

[①] 参见黄向阳:《德育原理》,华东师范大学出版社2000年版,第2—3页。
[②] 班华:《现代德育论》,安徽人民出版社2004年版,第9页。
[③] 国家教育委员会:《中国普通高等学校德育大纲》,中国人民大学出版社2008年版,第216页。

"转回自身,以徜徉自怡于自己原有的家园中"。我们穿越哲学家们这些深刻话语,回到中国特色社会主义实践中,不难发现,理想信念是共产党人安身立命的根本,是共产党人及全体人民的精神追求。甚至可以说,对马克思主义的信仰、对共产主义的信念、对中国特色社会主义共同理想的坚持,是共产党人的政治灵魂,是共产党人经受住任何考验的精神支柱。中国共产党刚成立时只有50多人,经历无数艰难险阻,依旧百折不挠,凭借着崇高的信念,领导中国人民取得革命的成功,带领人民开展社会主义现代化建设事业,取得举世瞩目的成就。种种实践都证明,我们在理想信念中获取到永不枯竭的精神力量,今天我们比历史上任何时期都更接近、更有信心和能力实现中华民族伟大复兴的目标。对于大学生来说,理想信念是青年学生思想活动的"总开关",青年一代有理想、有本领、有担当,国家就有前途,民族就有希望。具体来说,青年学子要相信马克思主义理论的科学性和真理性;要树立共产主义远大理想并为之坚持不懈;要信奉中国特色社会主义共同理想,从而为中华民族伟大复兴中国梦的实现而勇于奋斗。

2. 核心价值是大学生成长之"根"

无论哪个国家和民族,核心价值观都是其运行和发展的强力支撑,是引领思想和行为的指南,是整个社会和民族奋发向上的精神力量与和谐文明的纽带联结。一个民族、一个国家的核心价值观必须同自身的历史文化相契合,同自身正在进行的奋斗相结合,同自身需要解决的时代问题相适应。可以说,社会主义核心价值观培育和践行的过程,也是转型社会重建现代价值秩序的过程。在社会从传统向现代的转型过程中,人们的价值观念也发生了深刻的变化,呈现出多元、多样、多变的特点。经济全球化、社会信息化的迅速发展更是强化了多元文化与价值观在同一时空中的激荡与碰撞。面对多样化和多变性的价值观念,迫切需要培育和践行社会主义核心价值观,确立反映全国各族人民共同认同的价值观,为人们判断是非得失、做出价值选择提供价值准则,这是社会系统得以正常运转、社会秩序得以有效维护的重要途径。

积极健康向上的思想和精神在人们心里播下种子,才能生根、开花、结

图1 上海高校大学生毕业大课

果,才能转化为崇德向善的实际行动。社会主义核心价值观融合了国家道德、社会道德和个人道德三方面内容,是不可分割的道德体系。大学生要清楚了解24字社会主义核心价值观的基本内容,要牢牢把"富强、民主、文明、和谐"作为国家层面的价值目标,深刻理解"自由、平等、公正、法治"作为社会层面的价值取向,自觉遵守"爱国、敬业、诚信、友善"作为公民层面的价值准则。同时,大学生还应该做社会主义核心价值观的宣传者和践行者,宣传最美人物、弘扬最美精神,从一点一滴做起、从身边小事做起,在潜移默化中常为小善、修身立德。

3. 道德规范是大学生成人之"本"

我国《公民道德建设实施纲要》提出,公民道德建设是提高全民族素质的一项基础性工程。随着西方文化的涌入、网络时代的到来,中国社会进入了一种新型的人际关系状态,大学生传统的价值观念受到强烈的冲击,传统的道德规范也被赋予了新的时代内涵。大学生道德规范的遵守情况,关系到良好社会风尚的形成,关系到社会主义和谐社会的构建,在一定意义上更关系中华民族的未来。大学生要肩负起全面建成小康社会和社会主义现代化建设的历史使命,就必须自觉加强自身道德建设,把道德规范作为高尚的人生追求、优良的行为品质、立身处世的根本准则。在日常学习生活中,大学生应树立"成才"先"成人"、"做事"先"做人"的理念;应当以新时代道德规范为基准,即遵守社会公德、职业道德、家庭美德和个人品德,自觉履行法定义务、社会责任、家庭责任,要做到讲道德、尊道德、守道德,做到明大德、守公德、严私德。

4. 责任使命是大学生成事之"魂"

"穷则独善其身,达则兼济天下。"家国天下的情怀是几千年来厚植于中华民族和中华文化体系的精神内涵。青年最富有朝气,最富有梦想。从近代以来,我国青年不懈追求的美好梦想,始终与振兴中华的历史进程紧密联系,青年人一直是一群胸怀天下、有责任感和使命感的有志之士。在革命战争年代,广大青年满怀革命理想,为争取民族独立和人民解放冲锋陷阵、抛洒热血;在社会主义革命和建设时期,广大青年响应党的号召,向困难进军，向荒原进军，保卫祖国，建设祖国，在新中国的广阔天地忘我劳动、艰苦创业；在改革开放历史新时期，广大青年发出团结起来、振兴中华的时代强音，为祖国繁荣富强开拓奋进、锐意创新。①

如今，中国特色社会主义进入了新时代，我国发展站在新的历史方位。当代青年处于千帆竞发、百舸争流的奋进时代，每一代青年都有自己的际遇和机缘，都要在自己所处的时代条件下谋划人生，创造历史。重任在肩，需要新时代的大学生不仅要有足够的知识储备，良好的业务素质，更需要有民族使命感、社会责任感、社会良知和健康的生活态度，需要有"苟利国家生死以，岂因祸福避趋之"的广阔胸怀，要将个人的发展着眼于人类未来发展中去，要主动思考国家和世界问题，做一个从容自信、眼光长远、格局广阔、情系苍生、心怀天下的人，做一个将个人学业、事业与国家、民族、人类命运紧密联系在一起的人。

二、人无德不立：大学生成长成才的关键在于立德

（一）立德是大学生成长的基本遵循

"夫大人者，与天地合其德，与日月合其明。"青年是实现中华民族伟大复兴"中国梦"的生力军，是党和国家事业发展的建设者和接班人。青年要肩负起中华民族伟大复兴的历史重任、要成长为引领社会进步和未来发展的栋梁之才，就必须充分认识到成长成才路上立德修身的重要性。

立德，是大学生成长成才的关键，是养成健全人格、收获美好灵魂的基本遵循。大学生正处在人生成长的关键阶段，自身的价值体系搭建尚未完成，价值观塑造尚未成型，实践经验不足，自身思维辨别能力也有待提高，稍不注意就容易行差踏错。特别是面对当前国际国内形势深刻复杂变化，社会思想文化和意识形态领域情况更加复杂，传统教育引导方式面临网络新媒

---

① 《在同各界优秀青年代表座谈时的讲话》(2013 年 5 月 4 日)，《十八大以来重要文献选编》(上)，中央文献出版社 2014 年版，第 277 页。

体的挑战，整体环境呈现出价值多元、信息裂变、新生代成长、新媒体崛起等鲜明的时代特点。在这种背景下，大学生立德修身也面临巨大的挑战。大学生能否走好自己的人生道路，成长为栋梁之才，关键就在于在校期间能否形成正确的道德体系。一个人只有树立正确的价值观和品德修养，使自身的主观想法和客观实践、集体利益协调一致，与国家之德、社会之德相吻合，将一己之小我与群体之大我统一起来，才能真正彰显个人价值。

近代教育家蔡元培先生也说过："若无德，则虽体魄智力发达，适足助其为恶。""德"是每个人成长成才的前提和基础，一个人的"才"只有与"德"相匹配，以"德"为引领，牢记"从善如登，从恶如崩"的道理，始终保持积极的人生态度、良好的道德品质与健康的生活情绪，才能真正成为国家和人民需要的栋梁之才。

（二）立德是新时代德才观的核心要求

首先要有为人处世之德，其次才会有成事济世之才。"才者，德之资也；德者，才之帅也。"《资治通鉴》精辟地论述了德与才的关系，育人的根本在于立德，一个人如果道德缺乏，品德低下，不仅不会成为社会和人民所需要的人才，反而可能成为祸国殃民的害群之马，即使有本事，其施之不当，反而会对社会造成更大的危害。因此，大学生要以德为本，以才为用，以德才兼备作为理想。在成长过程中，不能仅看重自身的智力开发和能力培养，还应该不断塑造健全人格、培养身心健康；更不能把考分的高低、证书的多少作为衡量成功与否的唯一标准，尤其要重视理想信念的强化和道德品质的提升。修好德，才能有强劲的动力求得真学问；修好德，才能有坚定的立场做出正确的选择；修好德，才能有明确的方向，沉下心来扎扎实实干事、踏踏实实做人。新时代的大学生只有把民族复兴、人民幸福作为内心深处的使命和责任，时刻准备着为人民、为社会贡献力量，才能自觉自愿、持之以恒地勤奋学习，刻苦钻研，不断积累知识和增长才干，才能在时代浪潮中舞出充实而无悔的青春，才能走得正、走得宽、走得远。

（三）立德是解决高等教育人才培养根本问题的关键

当前，我国正处在全面建成小康社会的决胜阶段，国家和社会对于高等教育的需要比以往任何时候都更加迫切，对科学知识和卓越人才的渴求比以往任何时候都更加强烈。我国高等教育已经从精英教育阶段进入到大众化教育阶段，目前在校本专科学生和研究生多达2800多万人，如此规模庞大的青年大学生群体要成长为国家和社会所需要的优秀人才，首先要抓好道德教育。没有崇高理想和良好品质的人，无法成为真正的优秀人才，更无法承担起实现民族复兴、人民幸福的时代大任。2016年12月，全国高校思想政治工作会议提出高校要落实好立德树人的根本任务，要重点解决"培养什么样的人、如何培养人，以及为谁培养人"的根本问题。也就是说，一所大学办得好不好，不是比它的规模大小、学生数量多少，关键要看培养出什么样的人，培养的是不是德才兼备、全面发展的人，是不是能够肩负起中华民族伟大复兴历史使命的社会主义建设者和接班人。"青年一代有理想、有本领、有担当，国家就有前途，民族就有希望。"[①] 新时代的大学生要有"志存高远"的胸怀，要有报效祖国、服务人民的"大德"，要将个人的成长、成才融入祖国和人民的伟大事业之中去。大学生必须以大德为方向、以小善为基础，从现在做起、从自我做起、从身边的一点一滴做起，凝聚起推动党和国家事业永续发展的磅礴力量，以实际行动谱写出无愧于祖国、无愧于人民、无愧于时代的青春乐章。

三、人而无德，行之不远：大学生道德养成的现状

"国有四维，礼义廉耻，四维不张，国乃灭亡。"每个时代都有每个时代的精神，每个时代都有每个时代的价值观念。中华民族向来讲求立德修身，将修身正己立德视为做人处事的根本。纵然时移世易，但对道德的要求从未消减。今天，大多数的大学生对社会主义道德规范的知晓度和认同度较高，有正确的善恶

---

① 习近平：《在同各界优秀青年代表座谈时的讲话》，《人民日报》2013年5月5日。

观、是非观,有较强的正义感和社会责任感,有高尚的道德理想信念,能够积极践行社会主义核心价值观。应该说,大学生的主流思想状况是健康积极的。

但近些年,大学生群体中道德失范的事件也时有发生,如有的大学生存在学术行为不端、道德观念模糊等问题,也有大学生存在理想信念淡化等情况,外界甚至给部分大学生贴上了"精致的利己主义者"的标签。

(一)部分大学生理想信念模糊、价值追求失当

在理想信念方面,中国特色社会主义的共同理想和共产主义的崇高信念是实现中华民族伟大复兴过程中的精神动力,也是我国开展社会主义现代化建设的奋斗目标。但部分大学生仍然存在理想信念模糊的情况。一些大学生的个人价值选择和理想定位出现偏颇。失去了对崇高人生价值的追求,变得功利和自私,出现了信仰危机。在确立人生目标时,忽视了为国家和民族作贡献的崇高理想。[①]

由于对同情缺乏系统的了解,一些大学生对党和国家的历史存在模糊认识,不能对党和政府的政策决策做出客观、公正的判断,甚至走向消极或激进。[②]

(二)少数大学生道德认知与道德行为之间脱节

今天的大学生,对道德规范的知晓度和认同度较高,但是同时也有部分大学生的道德认知与道德行为之间存在知行脱节的矛盾。学习和研究是大学生在大学阶段的主要任务,因此遵守学术规范非常重要。但在当下的大学生学习生活中,"抄作业"、论文抄袭甚至代写,一稿多投、侵占学术成果、伪造学术履历以至捏造或篡改数据的现象仍然存在,甚至还催生出相关的产业链、利润链。再以"考试纪律"为例,虽然考试纪律在每次考试时都会被老师反反复复强调,有学生甚至表示,耳朵都听出了老茧,但是总有人按捺不住心中错误的想法而选择作弊,结果被校规校纪处理,甚至被开除学籍。

---

① 栗琳、赵啸鹏:《新时代大学生理想信念与责任担当教育探析》,《社科纵横》2019 年第 12 期。
② 姜浩:《当代大学生理想信念的调查与对策》,《共产党员》2017 年 12 月下半月。

（三）网络空间中个别大学生言行失范

大学生群体是互联网特别是新媒体的忠实追随者，他们享受互联网带来的丰富资源和便利生活。但由于网络的虚拟性，价值观等还不是很成熟的大学生群体极易受到网络中一些不良因素的误导而做出网络失范行为。比如，浏览不良网络信息、通过网络发布不实或者暴力言论，甚至有一些大学生存在网络违法行为。一个典型的事例就是 2018 年 4 月，网名"洁洁良"（现已注销）的某高校研究生在微博上公然发表辱华言论，此言论一经发出，引起诸多网友不满，在各大网络平台上引起了轩然大波。事后，该生受到开除学籍的严重处分。

俗话说，有才有德先用，有德无才慎用，有才无德不用。作为新时代的大学生，没有良好的道德品质和思想修养，即使有丰富的知识、高深的学问，也难成大器。作为新时代大学生，要从"三省吾身"的反思开始，在道德认知上应该更加自觉，正确判断什么是道德的行为、什么是不道德的行为；什么是社会提倡的行为、什么是低俗丑恶的行为，做到闻恶善鉴。

第二节　厚德载物——大学生德育的培养目标与指标体系

一、立德路上多探索：德育培养目标的坚守与创新

（一）守正创新：党和国家对大学生德育的要求

德育以培养学生的"德"为根本，重视大学生的德育培养是中国特色社会主义教育的特点与优势所在。新中国成立后，党和国家对大学生德育提出了明确要求。1950 年 5 月的《高等学校暂行规程》就把"爱祖国、爱人民、爱劳动、爱科学、爱护公共财物"[①]作为对大学生品德的要求。1957 年，毛

---
① 《高等学校暂行规程》，人民教育出版社 1950 年版，第 68—69 页。

泽东提出了在德育、智育、体育多方面培养社会主义人才的具体要求，并使之"成为有社会主义觉悟的有文化的劳动者"，"既有政治觉悟又有文化的、既能从事脑力劳动又能从事体力劳动的人"①。后来调整为"具有共产主义道德品质，拥护中国共产党的领导，拥护社会主义，愿为社会主义事业服务，为人民服务，逐步树立无产阶级的阶级观点、劳动观点、群众观点和辩证唯物主义观点"②，并且强调思想政治教育的主要任务就是要引导人们正确协调"红"与"专"的关系，成为既有无产阶级的世界观，又掌握专业知识和专门技术的社会主义人才。可以说，这就是影响深远的"又红又专"的由来。

1985年3月在全国科学工作会议上，邓小平指出坚持物质文明和精神文明共同发展的总方向，并提出要全国人民坚持五讲四美三热爱，做到有理想、有道德、有文化、有纪律的具体要求。同年颁布的《中共中央关于教育体制改革的决定》中明确规定：我们所要培养的人才"都应该有理想、有道德、有文化、有纪律"③。

2001年，江泽民对青年大学生提出了新的希望："希望广大学生成为勇于创新、追求真理、德才兼备、全面发展的人，成为视野开阔、知行统一、脚踏实地的人，成为理想远大、热爱祖国的人"④。2008年5月，在北京大学师生代表座谈会上，胡锦涛进一步明确社会主义人才发展的要求，他指出青年学生要坚定马克思主义信仰，要以马克思主义中国化最新理论成果武装头脑；要树立社会主义理想，形成正确的世界观、人生观、价值观；要加强思想道德修养，具备强健的体魄和健康的心理，提高创新能力和创业能力，努力提升自身的综合素质，积极参与到社会主义实践中去⑤。

党的十八大以来，在"立德树人"这个教育根本任务的指引下，党对于

---

① 《毛泽东文集》第7卷，人民出版社1999年版，第226页。
② 《建国以来重要文献选编》第11册，中共中央党校出版社1995年版，第491页。
③ 《十一届三中全会以来重要文献选读》下册，人民出版社1987年版，第881页。
④ 转引自冯刚、沈壮海：《中华人民共和国学校德育编年史》，中国人民大学出版社2010年版，第876页。
⑤ 胡锦涛：《在北京大学师生代表座谈会上的讲话》，《中华人民共和国教育部公报》2008年第6期。

大学生的培养也提出了新要求。关于青年人的理想信念、价值理念、道德观念等，习近平总书记有许多高屋建瓴又精准细致的论述。在价值理念方面，"青年的价值取向决定了未来整个社会的价值取向，而青年又处在价值观形成和确立的时期，抓好这一时期的价值观养成十分重要。这就像穿衣服扣扣子一样，如果第一粒扣子扣错了，剩余的扣子都会扣错。人生的扣子从一开始就要扣好"①。在青年人的理想和担当方面，"历史和现实都告诉我们，青年一代有理想、有担当，国家就有前途，民族就有希望，实现我们的发展目标就有源源不断的强大力量"。②2014年5月，习近平总书记在北京大学师生座谈会上指出，广大青年应该树立社会主义核心价值观，并对高等教育改革提出了"四个教育引导"的明确要求。2016年全国思想政治工作会议召开，习近平总书记在会上指出，高校思想政治工作从根本上说是做人的工作，必须围绕学生、关照学生、服务学生。2017年党的十九大召开，十九大报告对新时代青年提出了"有理想、有本领、有担当"③的要求。2018年在全国教育大会上，习近平总书记进一步明确了要在坚定理想信念上下功夫、要在厚植爱国主义情怀上下功夫、要在加强品德修养上下功夫、要在培养奋斗精神上下功夫、要在增强综合素质上下功夫的基本要求，培养德智体美劳全面发展的社会主义建设者和接班人。

综合党和国家对大学生德育的探索历程，可以看出我们党在培养青年大学生的理想信念、价值理念、道德观念、责任使命方面的政策和做法是一以贯之的。新时代，我们把大学生"德育"培养目标总结为：培养践行社会主义核心价值观，坚定理想信念，具有"四个意识"和"四个正确认识"，具备良好的社会公德、职业道德、家庭美德、个人品德，对人类命运充满关怀，对人类命运共同体的构建具有责任意识和奉献精神的时代新人。

---

① 《习近平谈治国理政》，外文出版社2014年版，第172页。
② 习近平：《在同各界优秀青年代表座谈时的讲话》，《人民日报》2013年5月5日。
③ 习近平：《决胜全面建成小康社会　夺取新时代中国特色社会主义伟大胜利——在中国共产党第十九次全国代表大会上的报告》，人民出版社2017年版，第70页。

(二）开展大学生德育培养的基本原则

1. 不畏浮云遮望眼——整体性原则

什么叫做整体？整体是马克思主义哲学的一个重要概念，它是指事物构成要素的有机统一，整体居于事物的主导地位，统率着部分。整体性原则是马克思主义哲学的基本研究方法和原则，是指不能如盲人摸象一般去认识分析事物，而应当站在整体上看问题。运用整体性思维识物想事、整理思想[①]。

一根筷子容易折断，一把筷子却坚不可摧，这其中就透露着整体大于部分的真理。大学生德育，绝不只是一个人的单打独斗，课程教学的生动讲演、经典读物的润物无声、社会实践的身体力行、互联时代的分享交流、网络舆论的思辨讨论、文化传统的耳濡目染、朋辈之间的榜样力量，共同形成了学校"全员、全程、全方位"育人机制，让每一位大学生的德育"修习"阵地更广，装备更强，队友更多，动力更足。因此，大学生德育要树立全局观念，有矗立高山之巅而不畏浮云蔽眼的决心与气概，把道德修养视为成"人"这一整体的重要基石，将德育学习熔铸于大学丰富多彩的学习生活工作当中，用好课堂教学、经典阅读、社会实践、互联网络、朋辈交流等多种途径，从而成为德育学习中的"多面手"，在各个领域、各个平台、各个团体中展现新一代年轻人积极奋发的精神面貌，彰显出大学生应有的青春活力。

2. 吹尽黄沙始到金——层次性原则

没有谁能够一步登天，要想在品德修养方面有所提升，需要有"千淘万漉虽辛苦，吹尽黄沙始到金"的执着坚守、循序渐进。正如马克思曾在《德意志意识形态》中所指出的："已经得到满足的第一个需要本身、满足需要的活动和已经获得的为满足需要用的工具又引起新的需要"[②]，德育学习也需要应时而变。大学生在德育学习中，不要盲目设立"宏远目标"和"宏大理想"，而要根据实际，充分考虑自身的文化水平、接受能力、自我认识、思

[①] 习近平：《决胜全面建成小康社会　夺取新时代中国特色社会主义伟大胜利》，《人民日报》2017年10月28日。

[②] 《马克思恩格斯选集》第1卷，人民出版社2012年版，第32页。

想觉悟等方面,从而制定个性化学习方案。应当探索自己感兴趣的学习领域和空间,激发学习兴趣;探索更具自身特色的学习方法和路径,提高学习效率;探索更具时代特色的表达方法,彰显个性风采。最终,在一步一个脚印的努力中,扎扎实实"研修"德育,筑牢自身的"道德根底",获得影响毕生、难以忘怀的青春印记。

3.君子以自强不息——主体性原则

"青春是一本太仓促的书",席慕蓉的诗句把青年人的迷茫写于纸上。部分大学生在"被动学习"的迷茫和悔恨中结束了本当青春洋溢、丰富多彩的大学生活;有些大学生在繁重的学习任务、丰富的社团生活、多样的社会实践中,忽视了自身的德育学习。

"世界是你们的,也是我们的,但是归根结底是你们的。你们青年人朝气蓬勃,正在兴旺时期,好像早晨八九点钟的太阳。希望寄托在你们身上。"毛泽东同志在1957年对留苏学生的演讲中,用这样一句话激励着无数青年奋发勇为,成为每个时代的新主人。作为时代的弄潮儿,青年大学生不应当将学习视为被动的,应当用自觉的态度、严格的要求和时刻的警醒,在实际生活中不断锤炼自己,最终做到自觉践行,慎独修身,在实践中不断成长。正如孔子,即便"老之将至",依然"发愤忘食,乐以忘忧",他那春天般的学习激情从未衰减。把德育学习作为自己人生道路上重要的一站,始终以主人翁的角色来主动学习,肯定比以被动者的姿态去"参与"学习更加给力。大学生应当正视德育学习,以"天行健,君子以自强不息"的责任感和紧迫感主动学习,让德育成为发自肺腑的内在需求,让自己成为德育学习的核心力量,甚至成为德育教学的主动参与者、德育内容的提供者、德育力量的贡献者,在成长中提升品德,在学习中不断成长,成为践行"终身学习"的青年榜样。

(三)春风化雨:高等院校对德育培养目标的贯彻

1.思想政治课主阵地出奇创新

人才之成出于学。人的道德不是生来就具备的,而是在成长、发展过程中经由对道德认知逐步加深而逐渐具备的。大学生从小到大的成长过程中,家庭、幼儿园、小学、中学,无一不在对其进行道德认知的教育,而大学的思想政治理论课是落实高校立德树人根本任务的关键课程。党的十八大以来,习近平总书记围绕"培养什么人、怎样培养人、为谁培养人"这一根本问题,高度重视培养中国特色社会主义建设者和接班人,将中国特色社会主义事业后继有人作为一项重大战略任务,对加强学校思政课建设作出一系列重要部署。在 2019 年 3 月召开的学校思想政治课教师座谈会上,习近平总书记按照"政治要强、情怀要深、思维要新、视野要广、自律要严、人格要正"的原则,对广大思政课教师提出希望,也对思政课改革创新提出坚持八个"相统一"的要求,即坚持政治性和学理性相统一、坚持价值性和知识性相统一、坚持建设性和批判性相统一、坚持理论性和实践性相统一、坚持统一性和多样性相统一、坚持主导性和主体性相统一、坚持灌输性和启发性相统一、坚持显性教育和隐性教育相统一。

早在 2013 年 11 月,上海就推出高校思想政治理论课"超级大课堂"——"思想道德修养与法律基础"教学实验课,创新了思政课授课模式。"为什么大学生要有理想信念,做一个平凡人就是胸无大志吗?"这个从 1300 多条提问中精选出来的话题,成为首次"超级大课堂"的对话焦点。200 名大学生与 20 多名教师在上海大学现场"PK",思想激烈碰撞,场面火爆堪比电视选秀节目。"超级大课堂"先征集问题后现场互动,集聚各高校优势资源,正面回答大学生成长中实际遇到的困惑与难题。集体研讨、跨学科支撑等新手段的运用,使"超级大课堂"成为思想政治理论课教学的有效载体,引爆了全市高校学生学习思政课的热情,让科学理论入耳、入脑、入心。①

2. 第二课堂以文化人,滋养灵魂

德育就是要通过创设各种情境,促使大学生对社会主义道德产生亲近的

---

① 参见董少校:《上海"超级大课堂"火了 高校思政课"活"了》,《中国教育报》2013年12月20日。

情感，增进大学生的道德认同，培育大学生的道德责任感。

"红岩上，红梅开，千里冰霜脚下踩……"舞台上，同济大学校园版"江姐"绣着新中国的五星红旗，演绎着对党忠诚、宁死不屈的革命精神。面对流行文化对于大学生的影响，上海高校开始思考"与其天天追明星，搬演外国舞台，何不把中国学府的'大学精神'请上社会大舞台？"自2016年以来，上海高校陆续挖掘校园文化资源，将一个个英雄人物、文化大师的事迹以戏剧形式搬上舞台。同济大学的《国之英豪》《同舟共济》、上海交大的《钱学森》、复旦大学的《种子天堂》、上海交大医学院《清贫的牡丹——王振义》、东华大学《钱宝钧》、上海立信会计金融学院《潘序伦》、上海中医药大学《裘沛然》、上海理工大学《刘湛恩》……一出出师生扮演、师生观看的校园戏剧打动了上海各大高校观众。师生即演员，观演即受教，大师剧剧里剧外，演师者也是观师者，无论是观是演，都在感人动心，师生们说，"排一个剧可能比上一年课效果还好！"时任上海市教卫工作党委副书记、市教委副主任高德毅表示，"向大师致敬——大师系列校园剧"演绎的是戏剧，传承的是文化，宣传的是大学精神，培育的是公民道德。①

3. 全员全程全方位育人，锻造人格

党的十九大以来，聚焦实现全员全过程全方位育人，教育部启动"三全育人"综合改革试点，大力推动高校思想政治教育工作的理论创新和实践探索。"三全育人"工作对高校而言，就犹如培育大树，要解决的是树根要深广、树干要直壮、枝叶要繁茂、果实要丰硕等问题。高校将在党的发展历程中、在中国特色社会主义的发展中、在改革开放的实践探索中，源源不断地汲取丰富的营养；将在实际工作中"因事而化、因时而进、因势而新"；将从坚定理想信念、厚植爱国主义情怀、加强品德修养、增长知识见识、培养奋斗精神、增强综合素质六个方面下功夫；将从课程育人、科研育人、实践育人、网络育人、文化育人、心理育人、资助育人、组织育人、管理育人、

---

① 参见徐哲瑞：《上海文教结合让舞台变课堂》，《解放日报》2017年2月8日。

服务育人十个领域下功夫,如此思政工作的大树就一定能够茁壮成长,抵抗各种风雨,屹立天地之间。①

上海在推进落实"三全育人"综合改革工作中,通过"易班"引导高校师生创作推出一批优秀网络文化作品;积极"开门办思政",利用校外资源增强高校思政工作说服力引导力,把散状分布在各个系统的育人资源整合成系统化的育人资源网,形成共建共享"资源图谱";推动爱国主义教育基地等向师生开放,形成包括爱国主义、生态文明、艺术教育等10多个系列、1000家合作单位的校外育人资源图谱。

二、从道德律令到灿烂星空:德育培养体系的多维建构

(一)德育培养指标体系的建立

哲学家康德曾说过:"位我上者,灿烂星空;道德律令,在我心中"。此处的"道德律令"指的主要是道德规范,此处的"灿烂星空"就是对真理、正义、自由、博爱的思考,对国家民族人类共同命运的关怀。党的十九大报告提出,要"广泛开展理想信念教育,深化中国特色社会主义和中国梦宣传教育,弘扬民族精神和时代精神,加强爱国主义、集体主义、社会主义教育,引导人们树立正确的历史观、民族观、国家观、文化观","深入实施公民道德建设工程,推进社会公德、职业道德、家庭美德、个人品德建设,激励人们向上向善、孝老爱亲,忠于祖国、忠于人民。"这些高屋建瓴的论述为高校开展大学生德育提供了理论依据,指明了立德树人的多重维度。

"我想成为什么样的人?""我应成为什么样的人?""我能成为什么样的人?"这是每个大学生对自己灵魂的拷问,也是个体道德人格构建与发展的目标方向。而"培养什么人、怎样培养人、为谁培养人?"是大学立德树人的逻辑起点,是大学德育的根本遵循。大学生要培养高尚的道德

---

① 参见王旭:《"三全育人"如同培育大树》,《光明日报》2018年11月13日。

人格，关乎个人价值观念、道德修养、道德实践、道德境界的养成和提升。同时，德育与智育、体育、美育、劳动教育等各因素彼此联结、渗透并相互协调，对大学生的健康成长和全面发展具有推进和保障的重要作用。

在文献综述和总结实际工作经验的基础上，我们将"德"的内涵细化为"理想信念""价值理念""道德观念""责任使命"四部分，在此基础上建立下一层级指标体系。需要说明的是，这四个一级指标在含义上存在一定的互相交叉。如"理想信念"中的"中国特色社会主义理想"其实也是社会主义核心价值观第一层面的内容；"道德规范"中的核心部分被提取到"社会主义核心价值观"中成为核心价值观的第三层次；遵守社会公德、职业道德、家庭美德，也是青年大学生的责任，也可归属为"责任使命"的内容。因此在对"德"的内涵的四个部分的论述中会有所侧重："理想信念"强调远大理想对人生的指引作用；"价值理念"强调对"什么有价值，什么无价值"的判断；"道德观念"侧重于对道德底线的维护；而"责任使命"侧重于对青年大学生所要承担的、可能高于一般公民所要承担的责任部分。大学生德育指标体系如表1所示：

表1 大学生德育指标体系

	一级指标	二级指标	指标阐释
德	理想信念	马克思主义信仰	马克思主义理论是科学的世界观和方法论，通过学习马克思主义基本原理，掌握科学的世界观和方法论，正确地分析和解决认识世界和改造世界中所面临的各种复杂问题，提高认识水平和实践能力，提高自觉性，减少盲目性，灵活运用马克思主义指导实践
		共产主义信仰	共产主义信念是指对共产主义理想和共产主义事业的真挚信仰。确信共产主义的理论和原则，认定共产主义事业必胜的信念。共产主义信念是对共产主义的坚定信仰、深厚感情和为共产主义理想而奋斗的坚强意志的集中表现
		中国特色社会主义共同理想	夺取新时代中国特色社会主义伟大胜利，把我国建成富强民主文明和谐美丽的社会主义现代化强国，实现中华民族伟大复兴

续表

一级指标	二级指标		指标阐释
德	价值理念	社会主义核心价值观	基本内容分为三个层面：倡导富强、民主、文明、和谐的国家价值观，倡导自由、平等、公正、法治的社会价值观，倡导爱国、敬业、诚信、友善的个人价值观
	道德观念	社会公德	社会公德是全体公民在社会交往和公共生活中应该遵循的行为准则，涵盖了人与人、人与社会、人与自然之间的关系。具体来说，大学生社会公德教育的内容由5个方面组成，即讲文明懂礼貌、爱护公物、助人为乐、遵纪守法、保护环境
		职业道德	职业道德是所有从业人员在职业活动中应该遵循的行为准则，涵盖了从业人员与服务对象、职业与职工、职业与职业之间的关系。职业道德的主要规范：爱岗敬业、诚实守信、办事公道、服务群众、奉献社会
		家庭美德	家庭美德是每个公民在家庭生活中应该遵循的行为准则，涵盖了夫妻、长幼、邻里之间的关系。家庭美德的主要规范：尊老爱幼、男女平等、夫妻和睦、勤俭持家、邻里团结。大学生家庭美德教育主要包括：正确的亲情观、健康的婚恋观、良好的消费观等
	责任使命	个人责任	指个体自身要对其生命、生活的持续、对个人事业、成就的发展、对自身修养的提高等整个人生所应承担的责任做到尽职尽责
		他人和集体责任	大学生要正确处理个人与他人、个人与集体之间的关系，明确个人的权利与义务，积极担当起自身角色所应承担的责任
		社会责任与时代责任	社会责任担当是指大学生能够将自身发展与社会进步联系起来，理解认同个人与社会的关系，主动担当起自己在社会角色中应承担的职责和义务。时代责任担当是指，大学生要肩负起时代赋予的使命，自觉主动地担当起应有的责任

（二）大学生德育指标体系解读

1. 理想信念

俄国著名作家克雷洛夫曾经说过："现实是此岸，理想是彼岸，中间隔着湍急的河流，行动则是架在河上的桥梁"。理想是暗夜里的灯塔，树立远大的理想有助于青年学生看清前进的方向，也有助于激发青年学生的奋斗动力，以实际行动为理想添砖加瓦。习近平总书记系列重要讲话中所阐释的理想信念内涵始终围绕着马克思主义信仰、共产主义和社会主义信念，以及中国特色社会主义共同理想。

马克思主义信仰。列宁曾指出，马克思学说具有无限力量，就是因为它正确。马克思主义是关于自然界、人类社会和思维发展规律的科学理论，是关于无产阶级和人类解放的学说体系，是迄今为止人类思想史上最科学、最严密、最有生命力的一整套世界观、方法论。马克思主义由马克思主义哲学、马克思主义政治经济学和科学社会主义三大部分组成。

对共产主义和社会主义的信念。共产主义信念即人们对共产主义理想和共产主义事业的真挚信仰。确信共产主义的理论和原则，认定共产主义事业必胜的信念。社会主义信念是指对社会主义理论正确性、社会主义运动正义性和社会主义制度优越性的坚信。

中国特色社会主义的共同理想是社会主义核心价值体系的一部分，即坚定对中国共产党的信任，坚定走中国特色社会主义道路，坚定实现中华民族的伟大复兴。建设中国特色社会主义，把我国建设成为富强、民主、文明、和谐、美丽的社会主义现代化国家，是现阶段我国各族人民的共同理想。

2. 价值理念

"凿井者，起于三寸之坎，以就万仞之深。"大学生价值观养成十分重要，就像穿衣服扣扣子一样，从一开始就要扣好。社会主义核心价值观具有深厚的历史底蕴和坚实的社会基础，是当代中国精神的集中体现，是保持民族独立性的重要支撑，也是引领大学生人生航向的"定盘星"。2012年党的十八大报告中明确提出"三个倡导"：倡导富强、民主、文明、和谐，倡导自由、平等、公正、法治，倡导爱国、敬业、诚信、友善，积极培育和践行社会主义核心价值观。[①]"三个倡导"从国家、社会、个人三个层面对社会

---

① 《坚定不移沿着中国特色社会主义道路前进，为全面建成小康社会而奋斗》，《胡锦涛文选》第三卷，人民出版社2016年版，第638页。

主义核心价值观进行了凝练和升华。

富强、民主、文明、和谐。富强即国富民强，是中华民族梦寐以求的美好夙愿，也是国家繁荣昌盛、人民幸福安康的物质基础。民主是人类社会的美好诉求。我们追求的民主是人民民主，其实质和核心是人民当家作主。文明是社会进步的重要标志，也是社会主义现代化国家的重要特征，是实现中华民族伟大复兴的重要支撑。和谐是中国传统文化的基本理念，集中体现了学有所教、劳有所得、病有所医、老有所养、住有所居的生动局面。

自由、平等、公正、法治。自由是指人的意志自由、存在和发展的自由，是人类社会的美好向往。平等指的是公民在法律面前的一律平等，其价值取向是不断实现实质平等。公正即社会公平和正义，它以人的解放、人的自由平等权利的获得为前提，是国家、社会应有的根本价值理念。法治是治国理政的基本方式，依法治国是社会主义民主政治的基本要求。它通过法制建设来维护和保障公民的根本利益，是实现自由平等、公平正义的制度保证。

爱国、敬业、诚信、友善。爱国是基于个人对自己祖国依赖关系的深厚情感，也是调节个人与祖国关系的行为准则。敬业是对公民职业行为准则的价值评价，要求公民忠于职守，克己奉公，服务人民，服务社会。诚信即诚实守信，是人类社会千百年传承下来的道德传统，强调诚实劳动、信守承诺、诚恳待人。友善强调公民之间应互相尊重、互相关心、互相帮助、和睦友好，努力形成社会主义的新型人际关系。

3. 道德观念

青年的成长犹如船航行在大海中，如果说信仰是指路的灯塔，才能是推进的螺旋桨，那么道德便是这艘船的压舱石。蔡元培先生说过："若无德，则虽体魄智力发达，适足助其为恶。"道德之于个人、之于社会，都具有基础性意义，做人做事第一位是崇德修身。

社会公德，包括要文明礼貌，要做到尊敬、谦虚、诚恳、和善、行为端正、彬彬有礼、有节制、讲分寸。要助人为乐，人们之间要爱护、尊重、体谅、互助、讲宽恕、守信用；要爱护公物、遵纪守法。

职业道德，包括爱岗敬业、艰苦奋斗的职业态度；以诚实守信、团结合作为核心的基本职业规范；以遵纪守法、知荣明耻为核心的职业操守；以服务大众、奉献社会为核心的职业责任。

家庭美德，包括敬老孝亲，爱护家人；拒绝诱惑，健康婚恋。正视对完美爱情的追求和婚姻选择的现实反差，学会勇敢面对现实社会生活的压力和挑战，学会拒绝世俗的种种诱惑，形成正确的婚恋观念；培养良好的消费理念。树立科学、合理、适度的消费理念，克服攀比心理，不盲目追求高消费。

4.责任使命

"每一代青年人都有自己的际遇和机缘"[①]。对今天的大学生尤其是"00后"大学生来说，在2035年中国基本实现现代化的时候，这一批大学生正值风华正茂；在2050年我国建成富强、民主、文明、和谐、美丽的社会主义现代化强国之时，今天就读的这批大学生将是社会的中流砥柱。历史和时代赋予这批大学生以特殊的使命；而青年大学生在今天选择奋斗，就是选择承担这些社会和历史责任。

个人责任是指个体自身要对其生命、生活的持续、对个人事业、成就的发展、对自身修养的提高等整个人生所应承担的责任做到尽职尽责。

他人和集体责任担当是指要正确处理个人与家庭、个人与他人、个人与集体之间的关系，学会对他人、集体负责。

社会责任担当是指能够将自身发展与社会进步联系起来，理解认同个人与社会的关系，主动担当起自己在社会角色中应承担的职责和义务，要有服务社会、甘于奉献的意识，要积极参加志愿服务、扶贫支教等公益活动。

---

① 习近平：《青年要自觉践行社会主义核心价值观——在北京大学师生座谈会上的讲话》，人民出版社2014年版，第3页。

第三节 止于至善——大学生德行养成的实施路径

一、我相信，我坚守——信念引领我的航向

在电影《少林足球》里面，周星驰说："人如果没有梦想，和咸鱼有什么区别？"人生如果没有梦想，没有信念的支撑，就犹如没有灵魂的皮囊。拥有信仰，坚定信念，相信总有灯塔在远方为我们指明航向，大学生活才会有目标，有意义。

（一）主动学好思政大课

思政课从小就上过无数遍了，马克思主义原理都背熟了，所以大学里的思政课"水"过去就好了。这些想法都是对思政课的一种误解。当下大学里的思政课升级变形，要靠秒抢。2017年，上海大学的一堂思政课居然请来了一个乐队。原来这节课的主题是"国歌"——从晚清时期《普天乐》《颂龙旗》等带有礼乐色彩的"国歌"，到雄浑激昂的《国民革命歌》《义勇军进行曲》，整堂课在两位教授的配合下，话题导入、课堂主讲、现场问答、网上互动等各环节如行云流水。讲授者不仅传授知识，更引领听众感受国家、民族的时代发展脉搏。听课者热情参与，学生乐团还现场演奏了《义勇军进行曲》，全场齐唱国歌，把课堂气氛引向高潮。不光上海大学的思政课极具魅力，各大高校的思政课都在纷纷"变脸"，上海各大高校纷纷开设"中国系列"思政课，思政课以大学生喜闻乐见的方式，将马克思主义理论和中国特色社会主义建设成就以深入浅出的方式重新呈现，用生动鲜活的事例抓住大学生的眼球，吸引学子们的心灵，以潜移默化的方式，为青年学子的思想注入"钙质"，筑牢理想信念的防火墙。

除了思政课以外，蕴含思政元素的专业课在大学里也越来越多，在上海

中医药大学，一门门专业课正在逐渐"变脸"：《人体解剖学》的第一节课介绍遗体捐献的知识和意义，课后大学生都要走访遗体捐献者以及家属——专业课上成了"人生大课"；《中药饮片识别》专业课设置了学习成果应用环节，大学生进社区普及药材鉴定，进中小学带学生做标本——从"知道"到"体道"，培育社会责任感；《方剂学》将传统文化对中医学的影响纳入教学，在潜移默化中增强学生对祖国文化的认同感、归属感和自信心……① 无论是思政课，还是蕴含思政元素的专业课，都是以立德树人为根本遵循，在授业的同时传道解惑，为大学生立根树魂。而大学生也主动融入课堂，勤思切问，在求知中接受德育熏陶，进一步坚定理想信念，逐步把自己修炼为德才兼备的人才。

听完这些潮范儿思政课，你还认为马克思是最熟悉的陌生人吗？你还视思政课和马克思主义理论为畏途吗？你还觉得理想信念是口头说说吗？当我们用马克思主义理论和中国特色社会主义理论为自己的精神"加餐补钙"时，这些精神也在潜移默化地武装我们的头脑，让我们对中国特色社会主义道路更有信心，也更加坚定投入中国特色社会主义事业的决心。

（二）阅读深思吃透原理

谁的青春不迷茫？哪个青年大学生没有思想困惑？除了上好思政课以外，通过阅读和思考来澄清思想困惑，也是坚定理想信念的很好途径。

要读，就细读经典，品红色之本以立志。"千年第一思想家"马克思所著《资本论》卷帙浩繁，但世界各地越来越多的读者仍在竞相追捧，其销量与日俱增。人们不禁要问，为什么当代的我们还要追捧、阅读近一个半世纪前的著作？常年教授《资本论》课程的西方著名哲学家大卫·哈维说，"因为马克思主义拥有着穿越时空的强大影响力，阅读《资本论》可以帮助我们科学准确地认识和分析当前世界经济政治变革形势，认识这个世界的规律和

---

① 姜澎：《上海中医药大学：育人功能从思政课向专业课全覆盖》，《文汇报》2016 年 12 月 6 日。

真理。"经典，由于其往往佶屈聱牙、晦涩难懂，很多当代人将其束之高阁，但是只有阅读经典、细读经典，才能让我们最原原本本、真真切切地领略千年伟人的思想和智慧。

细读《资本论》，为那个坐冷板凳四十年不断探求真知的身影所折服；细读《共产党宣言》，为那句"一个幽灵，共产主义的幽灵，在欧洲大陆徘徊"所惊叹；细读《为人民服务》《愚公移山》，为毛泽东一心为公、执着坚韧的精神所钦佩；细读《论共产党员的修养》，为刘少奇自觉加强党性锤炼和修养的毅力所震撼。细读经典，让大学生走进那个时代，去领略时代浪潮涌动中伟人的哲思和品行，也让大学生聚焦于当代，在阅读中掌握真知、学会反思、善于批判，不断提升自身的道德修养。

要读，就阅读传统，纳百家之长以厚己。浩如烟海的传统典籍，是个人修德取之不尽、用之不竭的文化宝库。大学生可以从《论语》中学习"博学而笃志，切问而近思"的仁德，可以从《孟子》中体悟"贫贱不能移，威武不能屈"的坚定，可以用《大学》中"格物、致知、诚意、正心、修身、齐家、治国、平天下"的道德理想激励自己，可以用《中庸》中"君子慎独"的道德自律约束自己，可以用《礼记》强调的道德外化之"礼"要求自己"博学之、审问之、慎思之、明辨之、笃行之"。我们还可以从道家的《道德经》《庄子》中深入领会"上善若水""逍遥自在"，追求至真至善的德育理想目标。当然，还有告诫我们"心外无理""种德者必养其心"的《传习录》，教给我们"立命之学、改过之法、积善之方、谦德之效"的《了凡四训》，以及对后辈的品德修养、处世哲学都进行谆谆劝诫的《曾国藩家书》《傅雷家书》等传统书籍，都是我们可以让自己深度浸润其中、借以养护内心的经典。

要读，还可以西学东用，取他山之石以攻玉。外国文学中也有不计其数的可以让我们感悟生命、提升素养的精神资源。我们可以随着西方的先哲苏格拉底去追问什么是正义、什么是智慧，去实证"美德即知识"；跟着柏拉图从他的《理想国》出发，去揭开洞穴的真相、窥探教育与哲学的奥秘。我们也可以沉浸在近现代西方的哲学经典中，对道德做出哲学的反思和追问：

在亚当·斯密的《道德情操论》中探寻道德情操产生的根源，从大卫·休谟的《道德原理研究》中了解道德的原理，跟着杰里米·边沁的《道德和立法原理》从功利主义的角度解释道德与幸福，随着康德的《实践理性批判》去思考普遍的道德理性知识与哲学的道德理性知识，还可以从尼采的《论道德的谱系》中去寻找道德观念产生的条件和价值判断产生的根源……当各种观点在内心产生激烈碰撞时，每个人总在火花的闪耀处辨析真知，对于道德的理解和感悟便逐渐形成。大学生在广泛阅读中，逐渐扬弃常识、超越经验、批判现实，用理论的眼光看待生活中的道德，并指导自己去践行正确的道德。

要读，还需见贤思齐，正明德之心以修身。从古往今来的传记中，大学生从榜样的身上感受理想信念与道德修养的力量。我们可以跟着林语堂的《苏东坡传》，不断靠近苏轼顺逆自定、"也无风雨也无晴"的安然内心；也可以随着苏泓月的《李叔同》，尝试了解弘一法师悲欣交集、"以虚养心，以德养身"的人生之态。当然，我们也可以在《富兰克林传》中见证在使命与担当的鞭策下个人的传奇成长，激励未来；在卢梭的《忏悔录》中激发内心"基于道德品格自律的忏悔意识"，去反思自我；在罗曼·罗兰的《名人传》中攀上巨人的肩膀，远望人类浩瀚的星空……"高山仰止，景行行止，虽不能至，心向往之"。从他人的事迹中，大学生可以看到道德修养的至高境界，在榜样的引领下描绘人生的蓝图。虽然不一定能复制他人的成功，但只要坚定信念、奋力追求、不懈笃行，相信每个人都能活出自己别样精彩的人生。

（三）积极向党组织靠拢

为什么要入党？老一辈革命家之所以入党，是面对那山河破碎、亡国灭种的危局，奔涌出的救国救民的奋争与理想。和平年代，为什么要入党？让我们一起来看看一群年轻党员的回答！

有人说，入党是情怀，死磕自己，让自己变得更优秀，更有正能量；你有你的小确幸，我有我的家国梦。你有你的幻灭，我有我的信仰；入党并不会让你有特权，让你有优越感，而是让你更踏实，有一种无形的约束感；看着身边能入党的都是学习和人品特别好的，想和这些人一道；入党，是因为我希望自己更强大，是因为个人在组织中才能够释放更多力量，是因为我想用双手让我的国家越来越好；做一名党员，可以时刻提醒自己，要去帮助身边需要帮助的人，遇到困难别人退缩我要顶上去，少说空话多干实事，不怕指责，不要抱怨，起到带头作用。还有人说，从开始接触到网络的时候就很迷茫，为什么总有人说我们的国家不好。我努力成长，在校入党，每次看到那些煽动而充满恶意的语言，一定尽自己最大的努力去反驳。我爱这个国家，更热爱这个国家给予我们越来越好的生活！如今成为一名正式党员，初心不改；入党，向先进看齐，不需要理由。

看了这么多人的入党动机，我们可以发现，入党的过程就是一个不断磨砺自己、不断提升素养、不断收获成长的过程，而这种磨砺、提升与成长将为自己未来的发展积蓄更多的能量。这不是一个简单的过程，而是长期的历练。正如，千淘万漉虽辛苦，吹尽狂沙始到金。

经过党组织的培养与锻炼，高校每年都有一批又一批的学生党员，他们毕业以后有的选择投身广袤的农村，在基层、在一线，深入了解国情，致力于让更多人生活得更好；有的奋战在国有大中型企业，将自己的成长同企业和国家的发展紧紧联系在一起；有的选择自主创业，将所学知识付诸实践，为国家经济发展贡献自己的力量。他们，是一个群体——当代大学生党员群体。他们用实际行动诠释了一个重要的时代课题——今天，大学生为何入党。

二、高尚使人快乐——道德当身，不以物惑

青年的成长犹如船航行在大海中，如果说信仰是大海航行的灯塔、才能是推进的螺旋桨，那么道德便是这艘船的压舱石。青年大学生如果无视道德规范的话，人生的航船也容易倾覆。

（一）做个守规则的社会人

梁启超先生曾经说过："公德盛者其群必盛，公德衰者其群必衰"。社会人就要按照社会运行的规则，遵守社会公德。追求自由是人类的天性，一谈起规则，大家立刻想到的是束缚、约束等词汇。关于自由与规则的辩证关系，想必大家都熟知，如果你想要追求自由，没有一定的规则加以约束，人人随心所欲、为所欲为必定会给别人造成许多麻烦，这样所谓的自由也会落空，这种自由必须加以约束。

作为一名大学生，如何做个守规则的社会人，体现在日常学习生活的点点滴滴之中。你不妨翻看一下手边的学生手册，在校园生活中，学校的规章制度我们要知晓，要学会用这些规则去规范自己的日常学习与生活。为了倡导大学生具有良好的规则意识，同济大学开展了争做"五守"青年系列活动，倡导大家要遵守"五守"（守时、守序、守信、守纪、守法）行为规范，成为一名有颜值、有知识、有修养的优秀同济大学生。在社区内，寝室长带领小伙伴们自觉、准时熄灯，进行寝室内务整理，不把垃圾堆放在楼道内；不在寝室使用违禁电器，遵守校规校纪，在就寝之前注意将不用的或可能存在其他安全隐患的插座及电器断电，并将物品摆放在安全位置，确保不出现安全事故。在日常学习生活中，大家承诺文明用网、按时上课不迟到不早退、公共场合不大声喧哗、自觉维护公共秩序、礼让他人、尊老爱幼、恪守职业操守、遵守学术诚信、认真学习遵守法律法规等等。

"木受绳则直，金就砺则利"，大学生应该将规则看成是日常行为的"准绳"，做个守规矩的社会人，让自己变得越来越好。

（二）努力学习将勤奋发挥到极致

大学是人生积累的重要阶段，勤奋学习至关重要。屠格涅夫曾坦言："你想成为幸福的人吗？但愿你首先学会吃得起苦。"

马曼·哈山是同济大学建筑与城市规划学院毕业生，曾获得"中国大学生自强之星标兵"称号。他来自新疆西北部的博乐市，是一个名副其实在马背上长大的哈萨克族人。他从小接受哈萨克族学校的教育,所有课程都以母语哈萨克语来进行学习,一周只有 4 到 6 节的汉语课,因此汉语基础较为薄弱。入校之后,他胸怀大志,奋发图强,矢志奋斗,先后克服了普通话的困难、英语的困难,将勤奋发挥到极致,在同济建筑这样强手如林的学霸圈子里学成第一名。完成本科学业后,他以综合成绩及专业成绩排名第一的优异成绩顺利保研。步入研究生阶段学习的马曼·哈山,对自己提出了更加严苛的要求,希望用这有限的几年时间,加固专业领域知识技能,在导师的指导下获得一系列独到的专业研究成果,成为一名真正的专业精英。毕业后,他选择留校担任辅导员,他希望让更多的学生遇见更好的自己,引领更多的学生将出彩人生的梦想与国家梦、民族梦紧密相连。

阳光总在风雨后,不要在最该努力的年纪选择安逸,大学阶段的勤奋与努力必将为你日后的成长积累能量。

(三)经营好自己的"小确幸"

歌德曾经说过,无论是国王还是农夫,家庭和睦是最幸福的。遵守家庭美德和个人品德,我们才能经营好自己个人生活的"小确幸"。

杨怀保是首届"中国大学生自强之星标兵"中的一员,当年"背着全家上大学"的事迹传遍了大半个中国。自幼家境贫寒的杨怀保 10 岁便开始承担起家庭重担。读初二那年,母亲身患重病丧失了劳动能力。高二那年,父亲在建筑工地打工时身受重伤。除了学习,杨怀保还要照顾多病的父母和年幼的弟弟。由于始终放心不下家人,上大学时,杨怀保毅然决定把全家人都接到身边,"背着全家上大学"。

"当现实中遇到困难的时候,我觉得梦想和责任都不能放弃,我要一手抓住我的梦想,一肩挑起我的责任,然后去跟现实抗争。"杨怀保这样说道。他一路走来遇到了很多苦难,但从未放弃。2009 年,还在湘潭大学读研究生的杨怀保便成立了孝基金。此后,杨怀保带领他的公益团队走访调研了湖南、陕西、新疆、宁夏等省份的多个贫困地区,发展青年志愿者,组织开展公益活动,照顾服务老人,资助困难学子,在长沙等地建立了 20 个空巢关爱基地。

"很多人知道我小时候经历了很多苦难，觉得我是一个从'苦大仇深'的环境出来的。但实际上在我的记忆里一直留存着这个世界点点滴滴的美好。"杨怀保说，即使在人生最困难的时候，他仍感受到生活的美好。"一个中心就是真善美，真就是守住真心，善是善待自己、家人、社会，美就是不光是外在美，还有内在美。五个基本点就是梦想、感恩、自强、行动和坚持。"这是他对和自己一样身处伟大时代的青年一代的期许。①

三、行动蕴含力量——知行合一，德之臻境

列宁在评价屠格涅夫的长篇小说《罗亭》的主人公时告诫读者们："不要做语言的巨人，行动的矮子。"这句话也值得当代大学生警醒。在现实生活中，一些青年人不仅做不了思想上的"巨人"，还甘于沦落为行动上的"矮子"，不能够将学到的理论付诸实践。青年阶段是人生的"拔节育穗期"，社会实践便是促进苗节生长、谷穗孕育的阳光雨露。青年学子要身体力行，做实干家；不能仅仅将学到的知识，停留在书本上，装在脑袋里，而应该落实到行动上，做到以知促行、知行合一，正所谓"知者行之始，行者知之成"。②

（一）做自己命运的主人

巴金先生曾经说过："我爱人生，所以我愿像一个狂信者那样投身到生命的海里。"当代大学生要以对自我的责任担当，做自己命运的主人。

李晓红，一个生长在山东威海的乡村姑娘，通过不懈努力考上了山东中医药大学，又以优秀的综合素质成功获得北京大学研究生保送资格，如今已经是一名在读医学博士。一路走来，她只想"踏踏实实地做人，扎扎实实地

---

① 张均斌：《杨怀保：肩挑责任绘蓝图》，《中青在线》2017年12月11日。
② 习近平：《在北京大学师生座谈会上的讲话》，人民出版社2018年版，第13页。

干事，做一个厚道的医学人"。李晓红的家庭并不富裕，父母老来得女，为了供女儿上学，60多岁的父亲在工地上做着搬运的重活。李晓红心疼父母辛苦挣来的血汗钱，大学期间她从不看电影电视剧，也从不逛街K歌，甚至在食堂外吃饭的次数"用一只手就数得过来"。读书期间，她每天坚持早上6点起床去实验室，晚上10点半宿舍关门的时候才回去，同学们都说她是"女超人"。当年为了完成一项科技竞赛项目，她带领团队成员不吃不喝不睡，连续做了十几个小时的实验。功夫不负有心人，这个惜时如金、废寝忘食的"女超人"最终赢得了竞赛奖学金。她依靠自己的努力，在大学里创造了一个又一个"传奇"：获得国家级奖励15项，拥有国家专利两项，拿到的奖学金总额全校最高，是全校第一个获得中国青少年科技创新奖的学生。

学习成长经历，让她感触颇多：我们在什么阶段就做什么样的事情，现在是一个伟大的时代，我们应该脚踏实地在大学里学本领，不管是创新技能、社会实践技能，还是专业知识，我们都要夯实自己的学习基础，提高自己的能力。当你安心学习的时候，你会发现前方的道路会越走越宽，你的能量也会越来越大。[①] 李晓红用自己的故事证明，在这个时代，勇于实践，做自己命运的主人，定会散发出巨大的光芒。

（二）当好集体的扛把子

除了独善其身，当代大学生还应兼济天下。以天下为己任的第一步，是在集体中尽责，有担当有作为，愿意领任务、担责任，愿意为同学服务，有服务意识和奉献精神；学会与他人相处，培养团队意识，磨炼集体主义精神。要做到尊重他人的人格、信仰、价值、劳动成果等，以客观公正的态度对待他人。

同济大学土木工程学院2016级硕士生李昂就是这样一位有担当有作为的学生集体负责人。作为一名党支部书记，他勤学精研《习近平谈治国理

---

① 参见张均斌：《李晓红：我是这个时代最幸运的孩子》，《中青在线》2017年12月11日。

政》《毛泽东传》《邓小平传》等经典文献和伟人传记,在整个研究生学习期间,他共读了80多部相关著作,坚定了一名共产党员的理想信念。他不仅自己读经典学经典,还经常在生活中与同学们分享阅读心得,传播理想信念,他在学校举办的"我是一名党支书"党课演讲比赛中获得第一名。他担任同济大学生党建慕课平台微党课主讲人,让同学们以"平视"的角度倾听一名党员的所思所想,把共产主义远大理想与生活中的平凡事迹联系起来,触动每个学子的心灵。他创新组织生活形式,绘制同济版红色地图,开展党史知识竞赛,参与者达1000人。李昂更通过实际行动锻铸党性,为集体服务,践行"有困难找党员"的承诺。有同学脚骨折了,他用自行车推着同学去医院治疗;有同学课业遇到困难,他专门制作PPT为大家讲授知识要点;有同学做实验缺少人手,他主动帮忙。在他的带领下,他所在的本科生党支部91%的同学保送或考取研究生,5位同学担任学院学生会及社团负责人,所在支部也先后获评"先进基层党组织""卓越工程师先锋行动"示范集体等6项荣誉。李昂通过自己的责任担当,提升了集体和党支部的组织力、凝聚力和战斗力,让自己的青春在为集体和他人奉献中闪光。

(三)社会栋梁别光想

鲁迅说:"愿中国青年都摆脱冷气,只是向上走,不必听自暴自弃者流的话。能做事的做事,能发声的发声。有一分热,发一分光。就令萤火一般,也可以在黑暗里发一点光,不必等候炬火。"青春本身就意味着朝气蓬勃和充满力量,意味着一股闯劲、拼劲和永不服输的斗志,勇往直前。社会责任担当是指大学生能够将自身发展与社会进步联系起来,理解认同个人与社会的关系,主动担当起自己在社会角色中应承担的职责和义务。在现实社会生活中,"忠诚祖国,振兴中华,服务人民,奉献社会"是个体承担社会责任的郑重承诺,也是青年德性修养的具体体现。青年学子要成长为社会栋梁和专业精英,不能只靠喊口号,还得行动起来,投身社会主义建设事业,以青春之我奉献祖国。

同济一百多年的历史,就是一部"与祖国同行,以科教济世"的历史。

当在中央电视台《开讲啦》节目中被问及同济大学的"人设"是什么时,同济大学陈杰校长回答道,同济大学的人设是:擎天柱!

很多年轻人对擎天柱的第一印象,是动漫《变形金刚》里的经典人物,其正直、博爱、善良、亲和、顾全大局、喜怒不形于色等领袖气质深入人心。其实在中国的传统文化中,也有这样的角色。《楚辞·天问》中说:"八柱何当。"有注释说:"言天有八山为柱",就是说昆仑山有八根柱子支撑着这片蓝天。这样相互支撑、同心协力的形象不正是同济人"同济天下"的那份气魄与担当吗?这样顶天立地、不折不弯的形象不正是同济人脚踏实地、不务虚名、会干实事的真实写照吗?这样不畏风雨、勇挑重担的形象不正是同济人始终以造福人类为己任,不懈探求真理、追寻科学的前行目标的生动写照吗?

生长于安徽省怀宁县,在同济土木工程学院结构工程专业就读的博士研究生占冠元就是同济人中突破小我、成就大我的典型代表。博士毕业后,他毫不犹豫地选择赴藏工作,身边人有着诸多不理解:好不容易从乡村一路走到大城市,为什么要去西藏?父母年长,两儿尚幼,为何远离家人?就业选择不少,"钱途"看好,为何选择偏远基层?"从我个人来说,能读这么多年书,也得益于很多人的帮助和国家对教育事业的投入。如今毕业了,有这个机会,我希望能够服务更多的人;其次,我内心固然舍不得自己的家庭,尤其是我的孩子们将会缺少陪伴。但是只要把家人安顿好,我将义无反顾地去做我觉得更有意义、更有价值的事情。"占冠元这样表达自己的选择,"如果说,过去的十年,我为了照顾小家而坚持不懈、迎难而上,那么如今毕业了,我是时候该为社会做点事情,去服务更多需要帮助的人。"[①]

习近平总书记在与青年交心谈心中多次指出:"只有把人生理想融入国家和民族的事业中,才能最终成就一番事业。"[②]"同人民一道拼搏、同祖国

---

① 彭德倩:《同济博士占冠元:即将赴藏工作,曾经"无人理解"》,《上观新闻》2017年7月21日。
② 《图文故事 | 亦师亦友,习近平与青年的故事》,新华网2019年5月4日。

第一章 夯基固本——大学生德行养成之路

图2 同济大学"同济天下"柱

一道前进,服务人民、奉献祖国,是当代中国青年的正确方向。"[1]"当代中国青年要有所作为,就必须投身人民的伟大奋斗。同人民一起奋斗,青春才能亮丽;同人民一起前进,青春才能昂扬;同人民一起梦想,青春才能无悔。"[2]而我们青年,作为时代的先行者,要牢固树立社会责任感,维护正义,保持正直,富有爱心,敢于担当,自觉为社会作出贡献。孙中山先生少年立志"努力向学,蔚为国用",毛泽东同志少年立志"改天换地,拯救中华"。他们想的是民族安危,忧的是国家大事,可谓志存高远。

青春的底色永远是奋斗,哪怕前行之路荆棘密布,只要有那么一股中流击水的劲头,不论道路多险、风浪多大都一往无前,在自我超越中承担时代责任与历史使命,这种以梦为马、激情奋斗的日子,将会成为大学生人生中最宝贵的记忆。

---

[1] 《在爱国主义旗帜下奋斗前行——让五四精神在新时代放射新的光芒》,《人民日报》2019年5月9日。

[2] 李永胜:《奋斗的青春最美丽》,中国网2019年5月4日。

第二章

垒土成墙
——大学生知识学习之道

知识之于人的精神犹如筋骨之于身体，而如果将一个人的精神比作房屋，知识，就像建造这座房屋的砖瓦。房屋的地基、梁柱、装潢固然重要，但没有了砖瓦，"房屋"的实体便不复存在；而人是天地间精神之杰作，没有了知识的人，又靠什么区别于无知无觉的沙石、未知未觉的动物呢？"九层之台，起于累土"，一个人的全面发展，也无法离开知识之砖、知识之瓦的塑造。

世上无事不学问，但同时，并非所有你知道的事都是真正的知识。比知识，尤其是零碎的知识，更重要的是知识结构。构建大学生合理的知识结构，就是在增长知识见识上下功夫，珍惜学习时光，心无旁骛地求知问学，增长见识，丰富学识，沿着求真理、悟道理、明事理的方向前进。

如果一名工程师只学习砖瓦、水泥知识，而不懂得如何将这些材料构建成一栋大楼，那么砖瓦、水泥就永远不能产生质的变化。同样的道理，如果我们只懂得一些零碎的知识，而不懂得学习如何掌握事物发展规律、通晓天下道理，我们也无法获得能力的提升。学习知识的三重境界是什么？如何构建自己的知识结构体系？为此我们又需要汲取哪些知识？新时代大学生知识结构体系的培养路径是什么？让我们一起走进知识学习之道，去细细品味知识学习那些事。

第一节 集腋成裘 聚沙成塔——大学生知识体系培养的内涵与意义

一、知识的来龙去脉

沧海桑田，物换星移。在人类文明的进化史上，知识凝聚了人类智慧的结晶。知识的传承，不仅使人类更加聪慧，更推动着人类的生产能力与创造能力不断进步。尤其是进入知识经济时代后，知识的总量呈几何级数增长，如何高效地学习有用的知识，构建自己合理的知识结构体系变得越来越重要。对大学生而言，大学生涯是人生中一个非常重要的阶段，也是"知识资本"的重要储藏和积累期。因为大学生在大学的主要任务之一就是学习知识，在校期间能"学其所用"，毕业后走上工作岗位才能"用其所学"，为社会的发展贡献自己的力量。

我们的世界，我们所处的时代，离不开知识，那么"知识"到底是什么呢？古今中外，人们不曾停止对"知识"多角度的探寻。

战国时期的庄子，在《庄子·内篇·养生主》中说，"吾生也有涯，而知也无涯"，可见知识的广博无涯；英国16、17世纪的哲学家弗朗西斯·培根说"知识就是力量"，可见知识的作用之巨；18世纪清朝的曹雪芹说"世事洞明皆学问"，可见知识的来源之广……随着时间的沉淀，人们对"知识"的认识也愈发明晰起来，逐渐认识到知识是源于实践和认识的一种"成果"。1973年，美国学者贝尔在其著作中指出："知识是对事实或者思想的一套有系统的阐述，提出合理的判断或经验性的结果，它通过某种交流手段，以某种系统的方式传播给其他人。"2011年出版的《辞海》中将"知识"定义为"人类认识的成果或结晶"，并指出："人的一切知识（才能也属于知识范畴)都是后天在社会实践中形成的,是对现实的能动反映。"[①] 在《现代汉语词典》中,对知识的定义是"人们在改造世界的实践中获得的认识和经验的总和"。

知识就像一条项链,串起人类对物质世界和精神世界探索的结晶。人们不仅从中学会趋利避害,征服自然,也从中推动着人类对客观世界(包括人类自身)的认识升级,而这种认识又反作用于我们的生活,推动物质世界的进步。比如,有了医学知识,我们可以预防与治疗疾病,维护身体健康;依靠自然气象知识,我们可以预报天气,及早防御自然灾害等。因此,知识的含义不仅总结过去——知识是人类从各个途径获得的经过提升总结与凝练的系统认识,更指向未来——知识包含了价值的可验证性、实用性,以能否让人类探索世界的奥秘、创造物质财富等为考量。例如"笔尖上的星球"海王星,就是人们根据天王星"醉汉"般的异常轨迹,先用牛顿力学推测出来继而在实际观测中发现的行星。

知识广博无涯,因此对于知识的分类,在不同领域有不同的划分:现代认知心理学把知识分为陈述性知识和程序性知识两类。陈述性知识是描述客观事物的特点及关系"是什么"的知识,程序性知识是一套关于办事的操作步骤"怎么做"的知识,比如,学生学习"勾股定理"的推导和公式就属于陈述性知识,而把它运用于农村房屋的屋顶构造就是程序性知识。在现代教育学中,人们把知识分为四类:事实性知识、概念性知识、程序性知识和元认知性知识,这里的"元认知性知识"主要就是关于认知主体的知识,比如,人们正确地认识自己的兴趣、能力、学习习惯、任务难易度、对于不同的任务采用不同的方法策略等。从类型学看,知识还可分为简单知识和复杂知识、独有知识和共有知识、具体知识和抽象知识、显性知识和隐性知识等,这里的"隐性知识",就是难以用语言来表述的个性化的知识,如人们主观的直觉、预感、技巧、体会等,例如一位厨师可能厨艺很好,但你让他

---

① 夏征农、陈至立主编:《辞海》,上海世纪出版股份有限公司、上海辞书出版社2011年版,第5756页。

说为什么这么好、怎么做到的,他可能难以用语言表述出来,这就是隐性知识。

知识的累积是一个量变的过程,只有经过不断的实践和积累,才能实现质的飞跃。当知识只是碎片,不成体系时,学习再多的知识也没太大用处。真正的学习过程,应该是吸收、内化并建构自己知识结构的过程,也是"牛人"和普通人拉开差距的过程。我们的教育,所希望的并不是学会"碎片化知识"的累积,而是要学会建构属于自己的知识结构。

二、合理的知识结构特征

知识的河流川流不息,知识的海洋浩瀚无垠。当知识不成体系时,只是孤立、零散的观念形态;只有通过大脑将获取的丰富知识储存、加工、整理并内化为一定的知识结构,知识的功能才能发挥出来。知识结构的优与劣,不仅同知识的质与量有关,知识要素之间的组合方式、相互关系也是重要的影响因素。特定知识的质与量,只有在与之相联系的特定知识结构中才能实现其价值。

(一)什么是知识结构?

"知识结构"一词,大概可以解读出这样几个关键词:首先,它与知识密切相关,它是一种建构于个人的实际知识、以往的经验、先前的概念、生活史、个人的价值观、信念、经验或哲学观基础上的知识系统[1];其次,它还是个系统,系统的各要素间并不孤立——知识结构指的是个体具有的相互联系、相互作用的各种因素、方法、经验等知识形成的知识子系统构成的知识大系统[2];再者,这个系统存在于哪里?就像《传奇》里唱的,"想你时你在脑海"——知识结构是指由个人所拥有的各种知识在其大脑中的构成状

---

[1] 刘清华:《影响教师知识建构的成因分析》,《洛阳师范学院学报》2003年第4期。
[2] 邵仲岩、邱玉兴、周丽:《知识结构优化与能力型人才培养问题研究》,《理论观察》2005年第3期。

况与结合方式而构成的一个有序列、有层次的整体符合信息系统①。最后，它还是一个"集团军"，它以一个整体的形式出动和运作——知识结构即是掌握知识的相互比例、相互联系、相互协调、相互作用及其形成的整体功能。

看来，知识结构是个挺复杂的东西。学术界给它下了这样的定义：知识结构是外在的知识体系在头脑中的内化状况，是客观知识世界经过求知者的输入、储存、加工，而在头脑中形成的由智力联系起来的多要素、多系列、多层次的动态综合体②。这个头脑中的"动态综合体"，包罗万象、洞察世界、不断更新，源于生活又高于生活。顾城所作的诗《生活》全文就一个字——"网"，知识结构也是一种源于生活的头脑中编织的知识网络。为了利用知识更好地武装自己、发展自己，人们就需要不断从实践中获取大量知识，经大脑加工后储存、内化为相应的知识结构。

（二）合理的知识结构特征

对于个人而言，大学是人生知识资本积累与储藏的重要阶段，大学教育的一个基本宗旨，就是通过系统的学习，使大学生能够具备系统的基础知识与扎实的专业素养，具有发现问题、分析问题、解决问题的实际能力，以满足社会的需求，顺应时代的发展。对于国家而言，大学是教育体系的重要组成部分，是培养人才的摇篮，是增强国家发展潜力与发展后劲的重要动力。培养堪当时代重任的优秀青年人才，构建合理的知识结构至关重要。

那么什么样的知识结构是合理的呢？合理的知识结构要求知识具有深度与广度，是符合事业发展实际需要的合理知识体系③。合理的知识结构虽然无法精确量化，却是可以感知和衡量的。思维及工作的有效性，即个人能力状况，是评价个体知识结构合理性的重要指标。具备合理知识结构的个体

---

① 张大玲：《对合理知识结构的再分析及圆锥体型知识结构的提出》，《甘肃联合大学学报（社会科学版）》2007年第5期。
② 王通讯：《微观人才论》，中国社会科学出版社2001年版，第211页。
③ 王丽平、李振武：《论优化个体知识结构的路径》，《太原大学学报》2008年第12期。

勤于思考，能够将问题结构化、简单化，针对具体问题寻找或创新解决办法，然后迅速、顺利地完成任务。而一个人处理问题的思维与方法受到个人经验、性格、知识结构等的影响，其中知识结构是主要影响因素。虽然知识结构因人而异、因专业而异、因领域而异，但合理的知识结构也有以下共性的特征。

合理的知识结构是多样的。知识是多样化的，不同学科领域的知识相互配合、相互补充，它们共同存在于同一知识结构中，以各自独特的思维方式、方法激发个体运用知识时的灵活性。比如，一辆汽车的诞生，不仅需要机械知识、电学知识，让它能跑起来，还需要设计知识，让它外型好看。

合理的知识结构是有机的。未经过梳理的杂乱无章的知识是不能实现整体大于部分之和的功能的，只有将知识合理构建成一个有机的系统，知识的力量才能被最大化彰显与利用。合理的知识结构必然是有秩序、有层次的有机整体，各种知识相互联系、相互影响、相互渗透、相互贯通。就像我们建造一栋房子，首先要选址规划，然后要设计图纸，最后才建造施工、装修等，互相之间彼此关联，环环相扣，只有它们配合得好，才能建造出一栋好房子。

合理的知识系统是开放的。一个开放的系统总是与外界不断进行物质、能量和信息交换。合理的知识结构是灵活的，能够根据系统与外界的交流，及时自行调整与更新。而封闭型知识结构的人知识陈旧，结构死板，无法适应瞬息万变的现代社会。以我国的四大发明之一"火药"为例，它曾是炼丹家的偶然发明，后被用于战争并随着蒙古的西征带到了欧洲，在明朝中国与欧洲在火药的使用上还相差无几。然而到了清朝由于闭关锁国，使得中国与欧洲的差距越来越大，彼时的中国既无深入细致的科学研究，又无先进的生产工艺，结果落后就要挨打，被西方列强用大炮轰开了国门。因此，合理的知识结构应该广开大门，不局限于一隅；与时俱进，不僵守于一时。

（三）大学生建立知识结构的挑战

每天凌晨 6 点起床背单词晚上 11 点才睡觉，成绩却一直没有提高，手机上刷很多的公众号、大 V 推文、在线课程每天打卡绩点却原地踏步，天天泡在实验室 996，实验毫无进展，发际线却在不断后移……这些情况说明大学生在合理构建知识结构、及时调整知识结构上仍面临一定的困难与挑战。

1. 构建知识结构的意识薄弱，易被"碎片化"的知识淹没

大学生或许常有这样的感受：一是轻松感，刚从中学阶段高度紧张的学习中解放出来，大学自由时间增多、学业压力也不大，难免会松懈、缺乏目标；二是茫然感，随着渐渐适应大学生活，参加很多课堂内外的学习，但是感觉海量的知识和信息翻涌而来，自己都快被课堂、网络、手机等多渠道的知识信息淹没了，应接不暇。这往往就是知识未能结构化的表现，不少学生停留于中学阶段"被动式""填鸭式"学习的惯性思维，到了大学阶段往往无意识、无概念构建自己的知识结构，或等意识到问题时又茫然无措，不知该如何构建自己的知识结构，这也就是大学生中流传的"不知道自己不知道"和"知道自己不知道"的阶段。

2. 构建知识结构目标性不强，沦为知识世界的"穷忙族"

大学阶段不同于中学阶段的基础知识学习，不同专业的学习具有不同的针对性，大学生在构建自己的知识结构时存在盲目性：一是缺乏对社会的认知，对自身应当掌握的专业知识不明确，对当前的社会发展缺乏了解分析，无法根据社会对人才的需求标准来调整自身的知识结构；二是缺乏对自我的认知，虽然对社会有所了解，但缺乏明确的自身发展定位与职业生涯规划，容易失去学习的热情与积极性，本着走一步算一步的想法，虚度大学时光；三是缺乏正确的学习方法，虽然有了明确的目标与规划，但是在知识的海洋里不能有重点、有针对地探索学习，无法将自己所学与社会所需准确挂钩，最终也无法构建合理的知识结构。总的感觉是，学了那么多，那么忙，但效果不好！究其原因，是我们做了大量的"输入"工作，却忽略了思考和"输出"，没有或很少找到可以检验、实践的场景，所以，真正记住且纳入

知识体系的就更少了，这也就是大学生常说的"不知道自己知道"的阶段。就像建造一栋房子，我们搬了好多的砖块、沙子、钢筋等原材料，却不知道它的设计图纸，或是只知道一部分的施工设计，所以，它依然无法成为一栋完整的房子。

3. 构建知识结构无法通专融合，难以应对未来世界的变化

大学阶段的知识学习，在深度上，要求深挖专业知识，不再局限于基础知识，要针对具体专业具体研究；在广度上，要求不局限于课堂、课本，要合理利用图书馆、互联网等媒介广泛学习。然而，大学生在学习知识时一方面只注重深度，只学习自身专业，缺乏对专业外知识的学习，缺乏交叉学习的意识；另一方面，只注重广度，看似学习得很多，但浅尝辄止，不去深入思考与分析，最终形成不了自身专业的核心知识结构。然而，我们所处的是一个千变万化的世界，知识更新的周期越来越短，仅盯着某一领域的知识求"专"，会发现几年后它就陈旧淘汰了，无法建立起与同行相异的竞争力，无法把握时代的脉搏，甚至有一种"out"的感觉；但若是仅盯着广博的世界求"通"，什么都了解又什么都不精通，面对变幻莫测、日新月异的世界则会迷失方向，无法洞悉世界变化的秘密，不知未来科技之风从何处来，又将往何处去，更别说站在风口上、引领时代与未来。

结构决定功能。合理的知识结构，能促进大学生认知的提升和能力的发展。一个人的知识结构就如同电脑的操作系统，它不仅需要安装不同功能的应用App，还需要系统不断升级甚至换代。当前大学生应善于做知识的主人，广积累、深挖掘，主动构建合理的知识结构，早日达到"知道自己知道"的境界。

三、知识让人生与世界更美好

（一）知识是攀登科学高峰的阶梯

从雕版印刷到 3D 打印，从牛顿力学到爱因斯坦的相对论，从蒸汽革命到人工智能，知识开民智、创世界，也在不断的实践中丰富和延展，带领人类一次次攀登科学的高峰。

我国诺贝尔医学奖得主屠呦呦和她的研究团队，就是从古代中医方剂著作东晋葛洪的《肘后备急方》中发现了困扰世界人民的疟疾难题解决之方——"青蒿一握，以水二升渍，绞取汁，尽服之"，让传统中医药学知识在当今世界散发出新的魅力。或许对于普通人而言，感慨于从青蒿到青蒿素、双氢青蒿素的科技进步，但对于科学家们来说，这一进步走了近50年。"不积跬步无以至千里"，从1969年到2015年，屠呦呦带领团队耐住寂寞，不断"解密"青蒿素的奥秘，甚至不惜以身试药得了中毒性肝炎，最终成功提取出青蒿素和抗疟疗效更好的双氢青蒿素。这一发现挽救了全球数百万人的生命，也是传统中医送给世界人民的礼物。

知识沉淀得越厚实，攀登的阶梯就越稳固。2018年度国家技术发明二等奖获得者、同济大学交通运输工程学院的周顺华教授团队，把目光投向国民经济的大动脉——地下穿越高速铁路，几十年如一日，潜心研究"地下工程穿越高速铁路的精细化控制技术及应用"，最终团队成功攻克了地下工程穿越高速铁路设计方法、施工变形控制技术体系和智能化施工装置等关键瓶颈技术，形成了地下工程穿越高速铁路的精细化控制全套技术，实现了下穿铁路施工由列车限速45公里/小时到300公里/小时不限速，并主编制定了国际首部下穿高铁标准，填补了有关高铁运维标准体系的空白，引领了国际地下穿越技术的发展。团队的研究成果，不仅在我国下穿京沪、京广、沪昆、哈大等高铁干线的500多项工程中得到推广应用，还技术输出到新加坡、沙特等海外工程，为我国高速铁路技术走出去和"一带一路"倡议提供了坚实的技术保证。

科学探索的道路，是寂寞的、漫长的，同时也是有趣的、引人入胜的。攀登科学高峰的阶梯，只有勇往直前，实干到底，才能领略峰顶无限风光。青年大学生正处于知识学习与积累的黄金时期，心怀梦想、学习力强、兴趣广泛、富有创意，须"博观而约取"，不断丰富完善自己的知识积累，找到自己的兴趣所在，就能"厚积而薄发"，攀登上属于自己的高峰。

（二）知识是撬动创新创业的杠杆

21世纪是知识经济的时代，知识和技术创新成为社会发展的主导力量，在祖国大地上也掀起了"大众创业、万众创新"的浪潮。在创业大军中，青年大学生以敢想敢做、丰富的知识储备和充沛的创造力，展现出了当知识与青春、创新创业相遇的奇妙效果。

近年来，很多大学生利用知识专长，改变了传统行业的发展轨迹。2002年从复旦大学计算机专业毕业的本科生顾澄勇，从小在农村长大，对农村有着深厚的感情，凭借自己的计算机知识，让"卖鸡蛋"这个传统的农产品销售模式插上了信息化的翅膀。23岁毕业的他，看到了农业信息化的巨大发展空间，毅然作出了一个改变他一生的决定———回乡、养鸡、卖蛋，一头扎进了臭烘烘的鸡笼子、交通不便的农村生活圈子，并在养鸡棚里学养鸡、在包装间里看鸡蛋分拣的过程中，终于发现了创业的良机，为鸡蛋开发一个质量查询系统——"阿强"鸡蛋的"网上身份查询系统"，在上海农产品中尚属首创！这让消费者不仅可以查询鸡蛋的产蛋鸡舍、蛋鸡周龄、蛋鸡品系、饲料饮水及检验结果等信息，甚至还能看到鸡舍及员工消毒、喂养的视频画面，有了"身份证"的鸡蛋让消费者更放心了。从此，顾澄勇又开始打磨"阿强"鸡蛋品牌，升级包装设计，推出营养价值极高的"头窝鸡蛋"，并陆续开发了茄子、青菜、黄瓜等蔬菜的身份查询系统。当计算机知识遇到农业，让传统的农业焕发出了新的生命力。

大学生有知识、有想法、有激情，有着化知识为神奇的天然觉察力。风靡全国的小黄车ofo创始人兼CEO戴威，就是一位"90后"，他在北京大学攻读经济学硕士时，从挚爱的自行车骑行运动中萌发创业想法，要做一份"自行车的事业"。2014年，他与4名合伙人以"共享经济＋智能硬件"为理念，创办了国内首家共享单车公司ofo共享单车，解决人们出行"最后一公里"的难题，并在2016年的第二届中国"互联网＋"大学生创新创业全国总决赛上从全国118804个创业项目中脱颖而出，一举获得金奖。小黄车的出现，极大地解决了人们的出行问题，曾是大街小巷中一道亮丽的风景线,也解决了很多人的就业问题。虽然后来共享单车的发展遇到一些问题,但它确实掀起了一场人们出行方式的"革命"。

在创新创业的浪潮中,知识以它"点石成金"的魔力,发挥了不可估量的作用。而大学生正处于知识学习整合的黄金时期,更是为创新创业注入了生机和活力。据《2017年中国大学生创业报告》显示,有近九成的大学生考虑过创业,26%的在校大学生有较强的创业意愿,有3.8%的学生表示一定要创业。这是一个最好的时代,青年人以知识为支撑,融入"大众创业、万众创新"的浪潮,将会走得更高、更远。

(三)知识是服务社会的支撑力量

央视主持人白岩松在2018未来教育大会上的主题演讲中提到:"在新的时代条件下,'智'恐怕更多要关注的是智慧。很多年轻人似乎无所不知,但是不能转变成行为,不能转变成为一种思维方式。他不缺知识,但缺智慧、缺生活的智慧、生命的智慧。"没有无用的知识,只有不会用的知识。知识只有经过运用,它才会转变成行为和智慧。知识运用的广大土壤,就在服务社会的大实践里。

曾当选为中国"最美大学生村官"的耶鲁大学高材生秦玥飞,就是一个很好的例子。顶着"托福满分"、"耶鲁高材生"的光环,他26岁大学毕业后选择了回国当"村官",一头扎进农村的田野里。在他当湖南衡山贺家山村"村官"的3年里,他帮着村子引进了资金、筑了渠、修了路、安了路灯、建了养老院,还拉来了乡村信息化教学项目。但他并没有止步,因为他觉得还没有带领村子实现从"输血"到"造血"的转变,让贫困村彻底摆脱贫困的答案,他还没有找到。因此他婉拒了组织的提拔,又继续干了3年,带领村民成立衡山白云深处农作物种植农民专业合作社,与外地专业油茶深加工厂家合作,生产精炼提纯的食用山茶油,为当地农民带来了切实的收益。后来,他又和大学同学联合发起"黑土麦田"精准扶贫项目,并带动越来越多的"扶贫创客"加入队伍,让乡村扶贫从一个人走向一群人,找到了"造血"之路——产业扶贫。他的团队也将"互联网""公益""众筹"等社会新兴模式注入乡村扶贫的工作中，开辟了一条"非传统"的扶贫之路。2017年第二个大学生村官任期结束时，秦玥飞再次婉拒了组织的提拔，他认为中国广袤的乡村才是他要扎根的地方，"我的价值在农村，这条路才刚刚开始走，还要继续。"

秦玥飞的理想、情怀与抱负，在中国农村的广袤土地上，找到了施展之地。而在中国的城市，也蕴藏着青年人的"试验田"。2017年的大学生创业英雄十强之一、重庆大学的应用经济学硕士杨剑南就找到了这方"田地"。他通过对用电市场的观察，发现很多企业的用电情况存在问题。于是，他创办了重庆"伏特猫"科技有限公司，通过智能终端、用电数据采集分析和专家咨询，专门帮企业"省心省工省电费"，把省电做成了一门学问。这个"伏特猫"团队的服务已遍布重庆、四川、安徽、江苏、浙江、北京、广东等10个省份，并在阿里巴巴的支持下，通过互联网渠道更快捷地为企业提供无忧的用电服务。谈到他的事业，他说："我们大学生创新创业要立志高远，利他是最好的利己，真正为社会解决问题！就像习近平总书记说的，人生的扣子从第一粒就要扣好。"

人们以知识服务社会，改变世界。新一轮的产业变革，人民对美好生活的期盼，都离不开知识的实践与驱动。无奋斗不青春，祖国的未来在青年一代！青年人当以青春之我、智慧之我，融入祖国发展和社会进步的大潮，争当主角，做无愧于时代和人民的"弄潮儿"。

（四）知识是改变人生命运的支点

香港首富李嘉诚，从15岁踏入社会自谋生计，担任塑料贸易公司职员，到自己创办塑料厂，再到香港地产天王，再入主外资集团、跨入电力、零售业、网络通信领域，逐步建立起自己的商业帝国，知识的学习贯穿始终。从学徒时代他就坚持自学英文、订阅西方英文杂志，即使每天工作10多个小时，也从未放松学习外语和专业知识，并从中找到了创业的机会，抓住时机创办塑料厂，迈开了创业步伐。直至今天，李嘉诚仍坚持回家必做两件事：一是晚饭后看电视学英文，二是就寝前阅读。因此，他才会有感而发，提出"知识改变命运"。知识，就是改变命运的钥匙，钥匙掌握在我们自己手中。

知识不仅改变了个人的命运，也改变了国家的命运。1977年、1978年，我国恢复高考的最初两年，有1160万人怀着对知识的渴望，走进高考考场。那时的人们，坐满了高校、电大、夜大、函大的课堂，孜孜求学。40年后，他们中间走出了地球物理专家黄大年、港珠澳大桥总设计师孟凡超、自动控制专家郑南宁、让中国战机一飞冲天的总设计师杨伟等多位支撑国家科技腾飞的领军人物……从载人航天到海底深潜，从人工智能到量子探秘，知识的运用和人才的培养，从未像现在这样群起涌现，夯实综合国力的同时，也在悄悄改变人们的生活。

打开今天的每日生活，从晨起的手机闹钟到健身跑步机，从课堂教师授课到自学的慕课平台，从人工智能机器人到互联网，知识改变了人们的生活方式，让生活和世界变得更加美好。对于从小出生在"触屏时代"的00后大学生来说，他们对知识的认知和使用更为熟稔，指尖一点，屏幕连通世界，遇到疑问找"度娘"，学习的自主性更强。当然，社会对他们作为知识主体提出的要求也更高。"知识利用和创新能力紧紧依附于人本身，依赖于发挥人的主动性、积极性和创造力……创新是知识经济的灵魂，知识经济的发展一刻也离不开创新的推动，而创新取决于人的创新精神和创新能力"[①]，未来知识经济的发展，要求每个人知识面更宽、专业知识更精深，要求每个人进行知识使用、生产和创新的综合能力更强。

知识需要创新，时代呼唤人才。无人驾驶公交车投入使用、AlphaGo战胜人类围棋大师、黑洞照片面世等社会热点不时刷新知识的广度和深度，现在的大学生若没有广博的基础知识、深厚的专业知识，就不明白世界发生了什么、为什么会发生、今后会怎样，更无从谈拥抱变化、创新未来。对知识的不懈追求，应成为大学生自觉的行动与习惯。如今的大学生正处于学习知

---

① 陈道武：《关于知识经济促进人的发展的几点思考》，《长春理工大学学报》2010年第11期。

识的黄金时期，视野开阔、学习力强、富有创意，自觉进行知识的学习与运用，将有助于大学生改变命运、撬动未来。

第二节　编织成网　融会贯通——大学生知识体系的建构

我国有句成语"学以致用"，学习的目的是为了实际应用。大学所学能应用于今后的工作，实现人生价值。然而，"生活不只眼前的苟且，还有诗与远方"，随着知识的更新、科技的进步，课堂所学经时间冲刷几近淡忘，我们越来越质疑在课堂上所学到的知识在现实中是否有用。毋庸置疑，它们对我们的思维方式、能力、素质的培养起着终身的作用。在新时代，我们不能停歇学习的脚步，但也要认识到迅猛增长的知识总量是个体用尽一生的时间也学不完的，对于处在高度发达的信息社会中的大学生来说，面对铺天盖地的信息和知识，只有体系化的知识结构才能帮助思考问题、洞察趋势、指导行动。

一、学习知识的三重境界：知识的培养目标

建立知识体系如同盖一座高楼。首先，要打好大厦的地基，了解自己，明确自己学习知识的目的是什么，然后就是建筑材料的准备阶段，也就是用相关领域的知识点来充实自己。接下来，要为知识点组织一个有机有序的框架结构，就好比大厦工程背后严密的施工设计图纸和建设说明书一样。最后，通过这样一个大厦模型就可以完成知识体系的构建。

王国维在《人间词话》中说，古今之成大事业、大学问者，必经过三种之境界："昨夜西风凋碧树，独上高楼，望尽天涯路"，此第一境也。"衣带渐宽终不悔，为伊消得人憔悴"，此第二境也。"众里寻他千百度，蓦然回首，

那人却在灯火阑珊处",此第三境也。这是王国维理解的做学问,也是建立知识体系的三重境界。

(一)观其大略,不做知识的搬运工

知识的海洋是无穷尽的,倘若一头扎进书里便开始埋头苦读,就算是再饥饿的人,也会被这无穷尽的知识噎到。在学习之前,要对自身和知识有一个宏观的认识。正如《魏略》载:"诸葛亮在荆州,与石广元、徐元直、孟公威俱游学,三人务于精熟,而亮独观其大略。"独上高楼、观其大略才是学习的第一境界。而在这第一境界中,需要遵循"3W1H"原则,即认知自己(Who),了解学习对象(What),明确学习途径(Where),掌握学习方法(How)。

很多人在读书前,根本不思考自己对知识的需求,对涉猎范围不加以选择,没有目标和规划,随兴之所致地东看西看,随意找到一本书便开始读,最可怕的是对这些书籍还读得极其认真,边阅读边做详细的思维导图,就差把整本书背下来了。这不是在做建筑师,而是在做知识的搬运工,这是万万不可取的。

(二)勤奋投入,主动去吃学习的苦

在认知自己、了解学习对象的基础上,接下来要进行的是认真刻苦的练习,尽可能多地花费时间和精力去收集各种知识点,梳理所学领域的基本概念和基本原理。学习本来就不像听歌追剧般轻松愉快,因为刻意练习式的知识汲取意味着必须投入更多。巴菲特合伙人查理·芒格曾说:"我这辈子遇到的来自各行各业的聪明人,没有一个不是每天阅读的——没有,一个都没有。而巴菲特读书之多,可能会让你感到吃惊,他是一本长了两条腿的书。"如果你不主动去吃学习的苦,那么,接下来你就只能被动去吃生活的苦。"衣带渐宽终不悔,为伊消得人憔悴",此为学习的第二境界。通过学会搜寻关键词、找到"文眼",进而围绕主题开展检索、阅读学习,最后对比分析不同理论、系统学习,主动去吃学习的苦。

(三)学用结合,让知识成为行动的力量

到目前为止,我们所学习的一切知识还是显性知识。但知识的价值恰恰不在于它的显性,而在于它的隐性。换言之,当别人提及某个知识点时,你回应"是的,我知道"以显示自己的渊博,这是没有价值的。知识的真正价值在于充当你的幕后军师,为行动提供方向、指引。知识的隐性价值,就是使人们有能力利用知识概念、事物事实以及程序来解决现实问题。真正的有效学习就是从显性走向隐性、从知识走向行动。培根提出:"知识就是力量",而在当今社会,知识并不是力量,使用知识才是力量。只有将知识结合行动,在行动之中才能发挥知识的作用,看到知识的美妙之处。"众里寻他千百度,蓦然回首,那人却在灯火阑珊处",此为学习的第三境界。可通过构建模型、融合创新、付诸行动三步来使用好知识。

二、搭建知识的乐高城市:知识的培养体系

古人云,半部论语治天下。古代,读书考功名只须熟读四书,而四书加起来总共不过 5 万字。在这个信息爆炸时代,我们每天接收大量信息,每天都有新的头条新闻和网络用语把我们搞得一头雾水。显然,如果我们仍然满足于滚瓜烂熟的旧的学习方法,就会很难跟上时代进步的步伐。新时代,学习的目的不仅仅是搜索和理解知识,东鳞西爪的碎片化知识只能让我们成为一个"知道分子",要成为一个"知识分子",就需要将知识整合成体系,将广泛阅读和深度思考结合起来。

堆积在头脑中的杂乱信息只是单独的未发挥作用的积木,我们需要做的是利用它们建造一幢房子。知识体系的构建就好比搭建巨大的乐高城市,整个过程可以划分为三个步骤:"收集乐高积木块"、"搭建一个个的乐高结构"和"形成巨大的乐高城市"。

（一）收集乐高积木块

"知"和"识"是构建知识体系的两个重要步骤，必须"先知"而方能"后识"。知识的广度之所以重要，首先，因为知识体系本身就是一张网，知识间相互联系，互相启发，若知识量不足，是无法编织出一张网的；其次，知识体系的搭建也是知识筛选和融合的过程。这个过程很像做化学实验，需要经过实验材料的不断选择、配比的不断调整，化学反应才会发生。在构建知识体系时，我们也需要输入大量的基础知识，知识之间相互验证，建立联系，最终才会碰撞出火花。

华罗庚曾用攀爬梯子比喻学习知识的过程，强调知识积累需要循序渐进，切不可妄想一步登天。究竟什么样的知识才是我们搭建知识的"乐高城市"的积木呢？广泛积累"启发性知识"，对于知识体系的构建非常重要。所谓"启发性知识"，就是我们通过大脑对知识进一步处理，以案例或者标签快速记忆，以便在今后可以搜索和随意调用出来的知识。例如，学术界对知识结构内涵的理解多种多样，将这个概念提炼成"知识经过头脑再加工而组织成一个多元且动态的综合体"。人们通过这个综合体就能根据自己的知识储备，发散出自己对于知识结构的理解。

（二）搭建一个个的乐高结构

建造楼房的过程分为获取建材、制造构件、建造房屋三个过程，如果将广泛积累知识对应"获取建材"，那么知识框架的搭建就是构建知识体系过程中"制造构件"的过程，这一步的核心原则是不断组合和拆分知识点。

假设我对哲学、心理学等认知类学科很感兴趣，之前已经积累了很多诸如"依恋机制"、"潜意识"、"人格理论"等知识点，那么现在我就需要努力建立一个个心理学的框架。然而，合理组织知识碎片，又需要我们站在一个宏观角度将知识进行拆分。例如，平面设计可以被拆分为背景设计、对象设计、信息传递三方面；工程设计包含结构设计、材料设计等。在拆分的过程中，其实我们已经从微观知识的搜索中跳脱出来，开始规划我们的知识乐高城市的蓝图。所谓"横看成岭侧成峰",知识框架的搭建看似细微,但它影响了知识体系的整体走向。拥有了足够多的知识构件,我们才能搭建出丰富多样的知识框架。

(三)形成一个巨大的乐高城市

构建知识体系最具有挑战和创新的过程就是知识框架拼接的过程,这个过程往往是随机和发散的,"乐高城市"的样子是随机演化出来的,根据每个人思维模式的不同而展现出不同的风采。乐高的积木块的工艺原本并不复杂,价值也不大,但乐高第一大制造商LEGO始终维持着极高的市场占有率,其核心竞争力归功于该公司层出不穷的独特的乐高模型方案。

搭建知识的"乐高城市"也一样,获取知识在这个信息时代并不困难,我们每天都从互联网获取大量的碎片化知识,却通常感觉到知识繁杂却不系统,输出有一定困难。当知识缺乏重构时,这种感觉就会出现。想象我们面对一间杂乱的屋子,需要我们在最短的时间内按要求找到指定的东西,相信一定不会有人选择一遍遍看屋子里有什么,然后生硬地记下。我们通常会将东西重新分类叠放,建立起自己对于屋中物品的认知,这样就能很快记住各类东西的位置。对于知识体系的构建,这个过程就是"知识重构化",换句话说,就是将知识体系与个人的工作与生活结合起来,构建最适合自己的独特的知识体系,这样的体系才是最有价值的。

认为获取了尽量多的"知识构件"我们就获取了更多知识,这是对学习最大的误解。我们需要结合自身需要,将知识系统地拼接、联系起来,这样,知识体系才会像爬山虎一样,布满我们的大脑。通过把自己的知识讲给同学、朋友们听,和他们分享知识,随着分享的深入,我们就会慢慢提出自己的观点,开始有独立的思想。

三、构筑知识结构大厦:衡量知识的指标体系

当今时代正是知识大爆炸的时代,每天都有新知识、新概念、新领域出

现。我们每天接受的信息量相当于 174 份报纸[①]。而今天的一份报纸，信息量比 17 世纪一个普通英国人一生的经历都要丰富。显然，采用传统的以记住知识为核心的学习方法已经过时，追求滚瓜烂熟的读书方法几乎成为一种"吃力不讨好"的行为。知识早已不再是以"点状"或者"树状"的形态呈现，而是变成了一张密密麻麻纵横交错的"网"。把一些零碎的、分散的、相对独立的知识概念或观点加以整合，使之形成具有一定联系的知识体系，是应对今天层出不穷新知识的一剂良方。

那么，怎样才算是"合理的知识结构"呢？可以从以下三个层面来看。

（一）打好坚实地基：宽厚的通识知识

"博览古今者为通人"。所谓通识知识，包括政治理论知识、人文科学知识、数学知识和自然科学知识等。《中庸》提出，做学问应"博学之，审问之，慎思之，明辨之，笃行之"。

通识知识是认知之基。通识知识涉及领域广泛，是形成良好世界观、人生观和价值观的重要基石，能够帮助我们了解自己与他人、了解人类和社会、了解文明与文化、了解科学与技术、了解过去与未来等。通过接触不同的事物，增进了解、开拓视野、发展兴趣，逐步形成自己的认知能力、价值理念和分析方法。在面对社会现象和现实问题时能够独立思考、全面分析。

通识知识是应变之基。变化是世界的常态。随着科学技术的快速发展，新兴职业不断产生，旧有职业调整改变。人们也逐渐认识到，一个人不可能在大学里学完所有的知识，用来应付毕业之后的所有事情。很多问题往往已经超出大学的专业领域，必须要运用新的知识才能解决。宽厚的通识知识能够帮助我们充分应对不同工作的挑战，适应不同的生活环境，解决诸多人生难题。

通识知识是幸福之基。享受艺术与体育带给人持久的精神愉悦与充实，

---

① [美] 理查德·阿莱恩：《最新研究结果：我们每天接受的信息量相当于 174 份报纸》，王晓编译，《中国报业》2011 年第 5 期。

体验经典文学作品带给人的希望、勇气和力量，人们在克服艰难险阻过程中表现出的伟大和崇高，有利于帮助自己培养类似的高贵品质，克服类似的人生困难。通识知识既能使我们获得外在的认知，又能得到内在的满足，是沉淀人生厚度与获取幸福的基础。

（二）缔造稳固结构：精深的专业知识

专业知识，就是我们赖以生存的一技之长。不同门类的专业知识，就像一扇扇门，向里望去，是一个个各有特色的平行世界。拥有精深的专业知识，是指既要了解本专业的知识精华，又要对本专业发展历史、研究现状、未来前景有一个全面系统的理解，然后学以致用，让知识发挥更大的价值。

专业知识是楼之骨架。一个人要想在社会立足，只有宽厚的通识知识还远远不够，需要在坚实的地基之上迅速筑起高楼，在领域内长时间占有一席之地。没有什么比精深的专业知识更能让人早早地从同事中脱颖而出，也没有什么能比缺乏专业知识和技巧更能阻碍人的职业上升通道。比如文学家拥有的专业知识，可以让他们发挥出文字和语言运用的力量；企业家拥有的专业知识，则可以让他们提高企业管理水平，把企业做大做强。术业有专攻，专业知识能够帮助我们更好地立足于当前的社会，确立自己的生存价值。

专业知识是上升之梯。倘若一个人拥有扎实的专业才能，就会非常顺利地为自己找到一个可以展示自己才华的平台，更快地融入核心团队，承担一定的领导角色，发挥一定的行业影响力。爱因斯坦对于他自己的专业可谓非常精通，他在自己 26 岁时就发表了 5 篇诺贝尔奖级别的论文，他提出的光速最快、能量守恒定律、分子尺度的测定等专业论点，都是惊人的发现。这些都源于他对专业知识的深入理解与思考。

（三）加强互联互通：交叉的前沿知识

如果说宽厚的通识知识是大厦之基，精深的专业知识是楼之骨架，那么，广博的前沿知识就是对外通道，伸向四方，与外界建立多重联系，跟上时代发展的步伐。

前沿知识融通社会。学科中最前沿的知识，大多具有交叉学科的特点，会提升我们用多学科的视野分析问题的能力。在自己惯常的领域研究日深，有时会陷入一种盲目而不自知的境地，而将其他领域的知识和思维方式应用到自己的专业领域，反而会有柳暗花明又一村的感觉。

前沿知识链接未来。知识的发展史表明，学科中最前沿的知识，在不久的将来很有可能是行业普遍需要的知识。及时学习并掌握这些知识，能够在未来的工作中领先于别人，更好地实现个人发展。

在各个研究领域，热门学科和热门专业往往由于缺乏重大研究突破或者社会需求不足而变成冷门，新的研究突破和社会需求又催生出新的热门学科和热门专业。同时，通过单一专业的深度研究来实现重大突破的困难越来越大，往往是通过跨领域跨专业的交叉研究实现重大突破。因此，单一的专业学习难以适应知识迭代的速度，不同学科间也早已失去原有的严格界限，学科交叉知识融合是大势所趋。在某一学科领域深耕专精，同时融合不同学科的前沿知识和思维方式，才能从容应对世界变化，甚至引领变革。

合理的知识结构就好似一幢雄伟的大厦，具有坚实的地基、稳固的骨架和对外的连接。知识本就不是孤立的存在，宽厚的通识知识、精深的专业知识和广博的前沿知识，多层知识相连相通，形成支撑人全面发展和终身发展的知识体系，将对我们的工作和生活产生深远的影响。

"行成于思，毁于随"。详细的知识结构指标体系的构建是实现知识宽、精、广的重要保障。为了成为德智体美劳全面发展的社会主义建设者和接班人，需要构建这样的知识结构指标体系：在拓展知识面的宽度方面，需要掌握系统的政治理论、人文科学、数学、自然科学等多方面知识；为了加强知识的精度，在专业知识方面，掌握必备的专业基础知识的同时，深入了解专业核心知识，熟练使用专业工具和技术知识；在前沿知识方面，要了解为专业服务的其他知识，以及专业学科的前沿知识、交叉学科知识等。具体指标体系见表2。

表 2　大学生知识结构指标体系

一级指标	二级指标	内容
通识知识	政治理论知识	扎实的马克思列宁主义知识、毛泽东思想和中国特色社会主义理论体系知识、思想道德修养知识、形势与政策知识等
	人文科学知识	宽广的哲学及方法论、人文、历史、法律、社会、经济、军体等方面的必要知识，至少掌握一门外语
	数学知识	扎实的数学知识及逻辑思维知识，具有一定的建模能力和运用数学方法研究事物现象的意识，掌握高等数学、线性代数、概率论、运筹学、统计学等知识
	自然科学知识	掌握基本的自然科学知识，包括物理学、化学、生物学等基础科学知识
专业知识	专业基础知识	掌握系统的专业基础理论知识和实践技能知识，掌握本专业领域国内外现状和发展趋势
	专业核心知识	掌握本专业领域的核心知识，能运用专业知识进行科学研究和项目应用
	专业工具和技术知识	掌握本专业领域的专业工具和技术知识，以及服务于专业应用的相关知识，如计算机知识、文献检索知识等
前沿知识	为专业服务的其他知识	了解为专业服务的其他知识，如相关领域专业知识等
	专业学科的前沿知识	了解专业学科前沿知识、专业领域的最新进展和研究成果等
	交叉学科知识	了解交叉学科知识，学习跨专业知识，扩大知识面，实现不同学科知识的交叉和融合

第三节　多闻博识　知行合一——大学生知识体系的培养路径

一、让阅读成为一种习惯

书籍，是人类的精神财富，是生活里的阳光。莎士比亚曾说："书籍是全世界的营养品",博尔赫斯也曾想象"天堂应该是图书馆的模样",而我国古人所说的"书中自有黄金屋"、"书中自有颜如玉",也曾被不少读书人奉为座右铭。而阅读,可博古通今、可修身养性、可治国兴邦、可习得知识万千,亦可享受内心一方净土,它让我们精神充实、灵魂升华、领略古今中外无尽的智慧。

(一)培养阅读的兴趣

在快速发展的信息化时代,虽然阅读变得碎片化,媒介发生了从纸质读物延伸到数字化读物的巨大改变,但大家对于阅读的需求与兴趣并没有减少。调研数据显示,近十年来大学生在阅读方面虽然存在盲目性、消遣性、平庸化等不良倾向,但对阅读都是积极肯定的。纸媒仍是他们的首选,主要变化是阅读动机更明确、科研意识增强、阅读目的重在提高自身修养、网络阅读大幅上升,阅读呈多元化发展趋势。[①]2018年同济大学图书馆调研数据也显示,《平凡的世界》《解忧杂货店》《机器学习》《深度学习》等书籍排在借阅榜前列,全年借阅"达人"次数高达679次,全年平均每天借阅1.86次!这也说明大学生对阅读的重视和对个人素养、专业学识的提升需求。

让我们看看当下的世界:《朗读者》,让我们重新审视阅读的价值;《中华诗词大会》,让我们再次感受传统文化的魅力;《罗辑思维》,让"替你读书"变成一门手艺和创业 style;曾风靡一时的"地铁丢书",让我们知道,原来读书还可以这么玩!不难看出,人们对于阅读的兴趣并没有减少,反而变得越来越丰富和多样。那么,怎么从阅读中获得知识呢?

书海无涯,兴趣相伴,阅读的兴趣是可以在日常生活中培养的。只有对所读的书籍感兴趣,才能"读得进去",才能从中学到知识。不是为了"跟风打卡",而是纯粹以好奇心为指引,找到书籍与自身知识结构的契合点,

---

① 参见查颖:《阅读与大学生发展的关系研究——基于浙江省文科大学生的阅读调查》,博士学位论文,华东师范大学,2017年。

激发求知的兴趣。根据不同的个人习惯、书籍种类、阅读环境，阅读时可以通读，也可以跳读；可以精读，也可以泛读，可用不同的阅读法让阅读本身变得有趣。俗话说，"书非借不能读也"，现在很多书店都有良好的试读体验，可以巧妙利用书店、图书馆以及 kindle 上的资源阅读，避免"网上下单书，到家不想读"的事情发生。当然，读书的环境也是影响阅读体验的重要因素：一个人阅读时，可以挑选自习室、图书馆等安静有氛围的地方，为自己营造静谧的沉浸式阅读环境；如果有二三"书友"一起品读，则可以考虑前往咖啡厅等允许小声交流的地方，一本书，一杯咖啡，尽享美好时光。

（二）掌握阅读的方法

兴趣领进门，修行靠个人，高效的读书方法可以帮助我们更好地获取知识。经典的书籍可以采用"精读法"，反复阅读，把书读厚，"书读百遍其义自见"，古人讲"半部《论语》治天下"就是这个道理。还可以从不同侧面去读，比如备受世人推崇的《红楼梦》，有的人从中读出了诗词文采，有的人从中读出了世道兴衰，有的人从中读到了人际沟通，有的人从中读到了经营管理……同样一本书，品出了多种味道！广泛涉猎的知识可以采用"泛读法"，除了专业所学外，人文社科、数理逻辑、金融管理、沟通交际等"杂书"，都可以利用空闲时间拿来一读。学科交叉是一件很有趣的事情，有时某个自己困惑许久的问题，很可能借鉴"杂书"中的思路，就能迎刃而解。还可以"立体阅读"，先不着急通篇阅读，而是先选取自己感兴趣的周边，比如了解书中内容的时代背景、作者的趣闻轶事、阅读书评等，或去参加作者的读者见面会、参观一些相关的展览、讲座，甚至去进行一趟实地考察，或与作者进行互联网对话等，做一番"花式功夫"，激发自己的兴趣，然后再沉浸其中。相比一无所知地直接阅读，这种方式对于书的沉迷程度和思考程度是截然不同的。

阅读学专家汀克的研究结果表明，在绝大多数情况下，阅读时用于眼睛移动的时间仅占 5%，其余 95% 的时间都用于思考，所以，阅读的过程也是思考的过程。很多大学生在阅读时会进入一个"作者崇拜"的误区，习惯性地认为作者的说法都是正确的。然而,"尽信书不如无书",阅读也是一个"碰撞"的过程,作者表达的只是他的个人见解,读者也从自己的角度去理解和思考,对书中的观点应当保持质疑的精神,这样才会有自己对于新鲜知识的辨别、分析和思考,才会加强自己的思辨能力。既然是带着兴趣与方法来读书,那么,阅读思考的方向,就应该聚焦切入的兴趣视角,聚焦建设性的"添砖加瓦"——填补知识点空白、建构知识体系、提升个人素养,并且善用印象笔记、思维导图等工具,形象化地建设知识框架,就像蜜蜂采蜜一样,汲取知识的花粉,酿成自己的花蜜。

(三)选择阅读的媒介

据第十六次全国国民阅读调查结果显示,2018 年,我国成年国民人均纸质图书阅读量为 4.67 本、电子书阅读量为 3.32 本,手机和互联网成为国民每天接触媒介的主体。2018 年,我国成年国民包括书报刊和数字出版物在内的各类媒介综合阅读率为 80.8%,保持增长势头,各类数字化阅读方式(网络在线阅读、手机阅读、电子阅读器阅读、Pad 阅读等)的接触率持续增长。从不同媒介接触时长来看,成年国民人均每天手机接触时间最长,为 84.87 分钟,互联网接触时长为 65.12 分钟,电子阅读器阅读时长为 10.70 分钟,均有所增长。[①] 电子化阅读方式具有节省空间、方便携带、随时可看、保护环境等诸多优点,手机上诸多读书 APP、电子阅读器等工具帮助我们将点滴碎片化时间充分利用起来。地铁上、排队中、等座时,拿出手机,用 kindle 刷一章《明朝那些事儿》,在腾讯读书上看几页《三体》,阅读办事两不误!

此次国民阅读调查结果还显示,2018 年,我国有近三成的国民有听书习惯,有声阅读成为国民阅读新的增长点,移动有声 APP 平台已经成为听书的主流选择。其中,成年国民的听书率为 26.0%,未成年人的听书率为

---

① 参见史竞男:《全国国民阅读调查显示:成年人日均"触屏"84.87 分钟数字化阅读成主流》,2019 年 4 月 16 日,见 http://www.gov.cn/xinwen/2019—04/16/content_5383503.htm。

26.2%，均有较快增长。美国哈佛商学院曾有研究表明，人的大脑每天通过视觉接受的信息占 83% 的比例，而通过听觉接受的信息仅占 11%。如今，听书 APP 把我们的眼睛和双手都解脱出来，让耳朵为我们输送源源不断的信息。

然而，纸质书是不是就此谢幕了呢？并没有。古人说："读书破万卷，下笔如有神。"手不释卷的阅读乐趣已经延续千年。今天，纸质书仍然是我们阅读的重要媒介。这种古老的阅读方式，有很多现代媒介无法替代的优点：在教科书上做笔记、在经典著作上写批注，纸质书带给我们的不仅有阅读的美好体验，还有一种情怀。下雨天端一杯咖啡坐在窗前，手握一卷书，书香自芬芳。

德国作家赫尔曼·黑塞说："世界上任何书籍都不能带给你好运，但它们能让你悄悄成为最好的自己。"即便书中的内容忘记了，但书籍带来的精神力量是潜移默化的。正如一个人可能记不住自己曾经每顿饭吃了些什么，但这些食物已转化为身体的能量。不管采用哪种方法，不管身在何处，不管选择哪种媒介，只要愿意阅读，正在阅读，你就能从人类文明的丰厚积累中获益。愿阅读能打动你、影响你、塑造你，让你成为最好的自己。

二、在课堂中获取知识的干货

从孩童启蒙到大学校园，课堂一直是我们获取知识的主要途径之一。老师们在课堂上传道授业解惑，在师生互动问答中，我们构筑起自己的知识大厦。在信息技术的影响下，如今课堂这一获取知识的主流场所，无论线上还是线下，都在发生颠覆性的改变，为我们求知提供助力。

（一）传统课堂大变样

同济大学平均每年为本科生开设 3000 余门课程。学校鼓励教授为本科生上课，两院院士、长江学者、国家杰出青年基金获得者等学识渊博、才华横溢的教授们为本科生带来知识的饕餮盛宴。同济大学还设立人文经典与审

图 3　中南财经政法大学智慧教室
　　　（图片来源于中国教育网络）

美素养、工程能力与创新思维、社会发展与国际视野、科学探索与生命关怀四大模块通识选修课，课程通过线上学习＋线下翻转＋名师见面课、校外名师＋校内课程负责教师共同教学的方式，打破传统教学时空局限，注重课堂内外联动、关注过程考核。浙江大学、北京理工大学等高校本科新生进行大类培养模式，新生进校不分专业，在培养大类中先接受通识教育，培养专业兴趣，到高年级学生思想比较成熟了再自主进入主修专业，变"要我学"为"我要学"，提升获取知识的主动性和创造性。四川大学将传统教室改造为网络互动教室、灵活多变研讨教室、多屏研讨教室、手机互动教室，这些智慧教室内看不到一排排整齐摆放的课桌，取而代之的是一张张可移动、可拼接、多类型的半圆形活动桌椅。每张课桌上摆放着 3 台电脑，3 名学生围桌而坐，课桌星罗棋布，教师穿梭其中。学生可以根据课程需要围成不同大小的范围，以满足不同学科研讨教学的需要，在智慧教室里，学生勤学、悦学、慧学，学习专注度和教学参与度大大提高，求知成为师生联手闯关升级的趣味旅程。

（二）翻转课堂引领潮流

随着信息技术不断深入我们的生活，传统的课堂形式也在悄然发生"翻转"。2018 年底，一则推送在微信朋友圈刷屏："77280 个梦想"——77280 是接受成都七中网校课程的异地学生总人数。作为四川省最知名的中学之一，成都七中每天的课堂教学内容，都以直播的方式传递给近 8 万名异地学生。所有远端学校与成都七中实行统一的教材，完成同样的作业，参加同样的考试。16 年来已有 88 名学生通过这种方式考上清华、北大，大多数网络班学生成功考取本科。在线课堂使得知识传播方式变得立体化、跨时空，更好地实现了教育公平。2019 年，"学习强国"APP 强势上线，它不仅是一款党员学习软件，更带来丰富的知识内容，可以聆听国家领导人治国理政思想方略，可以了解最新政治经济、科技文化信息，可以学习手机摄影等生活小常识，还可以惊喜地发现你认识的学术大师的讲座。人数无上限、时间无限制、地点无要求，嫁接互联网后的大规模在线教育课程，译名 MOOC

（Massive Open Online Courses）正在全球范围牵引着百万量级的学习军团。中国的一流高校，也敞开大门，融入变局。2013年10月，清华大学推出全球首个中文版慕课平台"学堂在线"，首批上线7门课程。一年以后，"学堂在线"已至少上线课程69门，预告课程146门，选课人次超过57万。如今的"学堂在线"已经有了手机客户端，支持视频下载、离线观看等功能，还有线上讨论区、微信公众号以及线下讨论等。来自全世界的学生都可以利用碎片化时间上课，自主选择讨论、阅读材料等，这意味着每个学生都有了"私人订制"的课堂，无论何时何地都可以非常方便地获取知识。

三、在实践中彰显知识的力量

古人说，读万卷书莫如行万里路。除了在书海中徜徉，在课堂中求知，在网络上分享以外，走出书本、课堂和网络，走向广阔的社会大舞台，走向祖国和世界的大地，去感受、去体验、去分享，在实践中学习思考、提升自我、知行合一才是求知的最高境界。

（一）知识在分享中更加闪光

2015年，同济大学交通运输工程学院博士生方意心创办了公益服务类微信公众号"包子曰"。针对同济大学嘉定校区地处郊区、出行不便的现状，将交通专业知识与出行经验相结合，整合多方交通资料，提供丰富详实的交通出行信息：除了嘉定校区各类班车时刻表、校区附近公交及专线的时刻表、嘉定校区前往常用地点的交通攻略等"正常"信息之外，还整合了很多"花边"信息，例如，上海地铁站内卫生间的分布情况、"复兴号"动车组的车次列表等。他致力于满足各类出行者的需求，基本解决了师生出行的常见问题。"包子曰"已推送文章200多篇，有超过10000名关注者，近5年间极大方便了万余名师生的出行。专业知识存在于卷帙浩繁的书籍里面，信息分享闪光于踏实的脚步之下。对此同学们纷纷这样评价："让大家出门在外不再担心回不了学校"，"对于同济学子而言真是比导航还要好用"。

第二章 垒土成墙——大学生知识学习之道

图 4 同济大学"数学外卖"课堂

同样用知识助人的还有各高校从事学业同辈辅导的同学们。基于同济大学数学类课程"加餐"的强烈需求，数学科学学院济梦助学基地精心组织数学科学学院优秀学生作为主讲团队，通过专业培训、集体备课，形成了"基础款"查漏补缺和"拔高版"定制服务两大产品包，为其他各院系有需求的学生进行答疑解惑、定制辅导，解决《线性代数》《概率与统计》学习中的疑点难点。如果无法参加学院订制版外卖的同学，还可以通过"课堂派"在线课堂管理平台参加线上答疑，让每一位进入"课堂派"的学生都能够得到讲师精心的讲解。上海海事大学建立"海博学社"这一朋辈学业辅导互助教育平台。"海博课堂"上"学霸"每周固定时间为学习效果不佳的同学查漏补缺，针对高等数学、概率论等高挂科率理科课程开设大课堂，也根据学生个性化需求匹配小老师，开展一对一辅导，在期中、期末开设复习福利课，学期中间贯穿阶段性测试。此外，"海博学社"每年举办"易站到底"知识竞赛，内容涉及文史、地理、艺术、数学等基础课程，以此拓宽学生知识面，丰富校园文化生活；承办学院优秀学风评比、考前诚信宣传、学长经验交流会等学风建设活动，展现优秀学生与集体的风采，也调动大学生学习积极性。

一个人学习没动力怎么办？别急，打卡神器来帮你。同济大学汽车学院2016级本科汽车服务工程专业班一周有40多节课，同时还要准备德福考试，同学们的学业压力大。为了不让一个同学掉队同时增强班集体凝聚力，班长胡丹妮牵头组织了学业打卡群，群成员都有各自个性化的签名，比如"玛莎拉妮"、"奇於QQ"，设计出一套奖惩制度，严格记录学业打卡。群里每个同学的学习打卡记录都在打卡记录表里，就连平日里最不爱去图书馆的同学也逐渐习惯了拍摄一张闭馆照片记录自己的自习时光。到了暑假，这个学业打卡自动转为艺术分享群，今天我看了一部好电影，明天你推荐一本好书，去了一个美丽的地方，群成员还是习惯了继续打卡。在知识的分享中，同学们相互督促、共同进步，一个都没有少，奖学金获得者比例高达40%，同时这个班被评为优秀学风班、五四红旗团支部、"五好"班级。

（二）赛出创新创业的最强大脑

"挑战杯"全国大学生课外学术科技作品竞赛（俗称"大挑"）和创业计划大赛（别名"小挑"），凭借其令人惊羡的含金量，常年维持着我国大学生科技创新创业"奥林匹克"级别的地位，两个项目的全国竞赛交叉轮流开展，每个项目两年举办一届。其中"大挑"以学术论文、调研报告、发明制作等类型作为参赛内容与参赛项目，纯科研、纯学术倾向的同学值得尝试；"小挑"自2014年升级更名为"创青春"，考察参赛项目的创业价值、商业价值、盈利潜力。当然，学校、学院立足于"挑战杯"也创设了不少比赛项目，如果还是初出茅庐，我们可以在这里练练"绣花功"。另一项重量级竞赛"'互联网＋'大学生创新创业大赛"，每年一届至今已走过四年风雨。这是一项规模空前的比赛，这是一项淬火成金的较量……大赛有着很清晰的目的，希望搭建大学生创新创业项目与社会投资对接平台，也期待实现互联网等技术创新融合。在任何领域都和互联网有着完美"邂逅"的今天，各个专业的大学生都可以在竞赛中大显身手。找找导师，说不定一些指点与建议将伴你一生；联系同学，也许成就一段跨学院的情谊，说不定就是一个完美的组合，勇闯天涯、披荆斩棘。

以同济大学为例，可以这样"解锁"同济大学的创新创业宝库，提升自己的综合素质与能力。

首先，充分利用学校的教育平台。学校的教育平台集专业、辅修、学程、实践为一体，创新创业的课程体系、教学方法、实践训练、队伍建设、孵化平台一应俱全，同学们可以配备学业导师、创业导师和服务导师三位一体的导师指导，从专业知识、创业辅助、协调督促三个方面助力团队创业成功；学校着力打造了创新创业核心课程包、创新创业实践课程包，在不增加学生过多课业负担的基础上形成创新创业学程、创新创业辅修专业。

其次，充分利用学校的实践平台。学校的实践平台主要包括校内外基础实践平台、产学研结合的创新实践平台、环同济知识经济圈战略平台、重大科研设置和成果转化平台等校内外相结合的实践平台。校内外基础实践平台，主要是指以各类重点实验室、学术研究中心、科研实验室、校内外实习实践基地、院系基础教学实验中心、校企合作单位等力量为依托建设大学生实践创新基地，同学们可根据学校及自己的时间安排到相应专业实践基地进行专业实践学习，同时配有专业教师进行指导；产学研结合的创新实践平台，是充分利用校、企、科研单位等多种教学环境和资源及各自在人才培养方面的优势，将课堂传授知识与直接获取实践经验、实践能力为主的生产、科研实践相结合的教育资源，学校及各院系积极深化校企合作，以成立实训基地、学生联合培养及国外企业合作项目等方式搭建学生社会实践平台，扩大视野、提升国际化水平；环同济知识经济圈战略平台，即"环同济研发设计服务特色产业基地"，重点发展创意和设计产业、国际工程咨询服务业、新能源新材料和环保科技产业三大集群；重大科研设置和成果转化平台，是指依托国家级、省部级重点实验室以及地市级的企业技术中心等创立的创新平台，如土木防灾国家重点实验室、干细胞与再生医学等科技部国际联合研究中心、生态化城市设计等实验室，还包括学校积极参与的上海环球金融中心、港珠澳沉管隧道、北京大学国际机场建设等重大工程建设。从基础研究到高精尖实验室，从专业实习到重大课题工程攻关，这些平台给了同学们多样化的实践机会和施展本领的舞台。

此外，学校还建立了融合政府、科技园、孵化器等于一体的服务平台，为学生提供投融资、人力资源、创业培训、项目申报、财务代理、专业中介、市场推广、评优评先八大专业孵化平台服务。同济科技园可以为大学生创业企业提供全过程、全方位的服务——开业指导、入驻管理、创业培训、提供人力资源和劳动社会保障方面的中介服务、帮助企业部分出资购买财务代理服务、协助建立内部管理制度、组织申报科技创业项目、落实财税扶持政策、投融资服务工作等，公司还设有大学生创业辅导员队伍，了解企业疑难痛点，对企业进行个性化辅导。服务可谓十分全面，就缺同学们创意的"金点子"！

(三) 将论文写在祖国大地上

2010年的夏天,上海浦东世博会园区闪现着一棵棵"小白菜"的身影,他们是世博会志愿者,因为身穿白绿相间的制服而被亲切地称为"小白菜"。在长达184天的会期里,仅仅在园区内就有近8万名"小白菜"先后为游客提供各类服务,其中90%为在校大学生,相当一部分为90后。① 华东师范大学除了确保完成世博会志愿者工作领导小组统一安排的14天指定日服务工作之外,还立足打造特色专业服务团队,以其特色鲜明的教育学、心理学、特殊教育学、学前教育学以及部分小语种学科为依托,组建了残疾人志愿者、亲子志愿者、心理咨询志愿者、青少年义务讲解等队伍②,利用自己的专业知识为世博会的顺利运行做出了贡献。

2017年8月,习近平总书记给"第三届中国'互联网+'大学生创新创业大赛""青年红色筑梦之旅"的大学生回信,高度赞扬青年学子"学习延安精神,坚定理想信念,锤炼意志品质,把激昂的青春梦融入伟大的中国梦,体现了当代中国青年奋发有为的精神风貌",希望青年学生"扎根中国大地了解国情民情,在创新创业中增长智慧才干,在艰苦奋斗中锤炼意志品质,在亿万人民为实现中国梦而进行的伟大奋斗中实现人生价值,用青春书写无愧于时代、无愧于历史的华彩篇章"。自2017年以来,70多万名大学生、14万个创新创业项目参与了"青年红色筑梦之旅"这一"红色旅程"。他们走进井冈山、古田、瑞金、遵义、西柏坡、沂蒙山等革命老区,学习革命精神、重温革命前辈的创业史。走近广袤的乡村大地,用专业知识和智慧探索更好的乡村建设模式、传承乡村文脉、呵护乡村生态,把年轻人的力量、科技的力量、时代的力量辐射到广阔的田野乡村,使之焕发出新的生命和价值,不仅激发了大学生的潜力,也带动越来越多的人从"逃离土地"转向

---

① 参见刘宏森:《在"需要"和"被需要"之间》,《中国青年报》2010年7月26日。
② 胡希愉:《上海世博会志愿者在行动》,《中国德育》2010年第5期。

"回归土地、尊重土地","唤醒"和盘活了处于"休眠"状态的乡村资源。各地各高校累计对接农户24.9万户、企业6109家,签订合作协议4200余项,产生经济效益近40亿元。[①] 大学生真正把论文写在了祖国大地上,用青春和智慧为创新中国奉献力量。

---

① 参见王家源、董鲁皖龙、刘博智、龙超凡:《"全国最大的思政课"这样落地生根》,《中国教育报》2018年10月14日。

第三章

固壁擎天
——大学生能力锻造之路

21世纪是一个信息大爆炸的时代。据IDC（国际数据公司）研究发现，现在每48小时所产生的数据量，是过去人类文明开始到2003年累计的数据总和。正可谓"山中方七日，世上已千年"。面对信息爆炸的时代，信息和技术可能永远都在过时的路上，你不禁要问，如何做才能在这瞬息万变的时代里脱颖而出？一言以蔽之，要重视能力的修炼！

德国现代大学之父洪堡曾经说："教育的目的，不是培养人们适应传统的世界，不是着眼于实用性的知识和技能，而要去唤醒学生的力量，培养他们自我学习的主动性、抽象的归纳力和理解力，以便使他们在目前无法预料的种种未来局势中，自我做出有意义的选择。"拥有自我选择的权利和能力，是独立之人、独立之国的根本。

尽管一代人有一代人的能力追求，内容也各有侧重，但总有一些核心能力，能让你在逆境中不卑不亢，顺境中不骄不躁，让你脱颖而出，助力个人成长。如果说知识是支撑人生大厦的一块块砖石，那么能力就如同砖石累积而成的一面面坚韧有力的墙壁，没有墙壁大厦难成。能力如何获得？有句话说得好，知识是学出来的，能力是练出来的，能量是修出来的。能力需要练就，需要日积月累一层层建造起来，需要经过时间累积与有效练习才能最终达成。有德育才，才能辅德，只要你具备德才兼备之素养，又何愁人生大厦不能建立，梦想不能达成呢？

第一节 择高而立 材优干济——大学生能力培养的内涵与意义

一、能力也需"择高而立"

在日常生活中,能力往往成为评价一个人非常重要的维度。比如,我们经常能听到这样的话:"这个人综合能力很强,非常不错!""那个人能力不行,根本干不了什么事!"可见,能力很多时候起着标尺的作用,时刻在丈量着每个人。对于新时代大学生来说,具备一定的能力才能为自己争取在未来社会的立足之地。

(一)责任与使命

"男儿何不带吴钩,收取关山五十州。"悠久而又朝气蓬勃的中华文明孕育了华夏儿女的家国情怀,为一代又一代青年绘就了爱国报国的人生底色。1840年鸦片战争以来,中华民族内忧外患,山河破碎,需要年轻的肩膀担当起重整乾坤的重要使命。从"国为待死之国,一国之民为待死之民"到"外争主权,内惩国贼",从"华北之大,已经安放不得一张平静的书桌了"到"停止内战,一致对外",广大青年在中国共产党带领下,投身救亡图存的革命运动。鲁迅先生赞扬说:"石在,火种是不会绝的。"青年,以最昂扬的姿态,最磅礴的气势,引领着国家和民族的未来。

我们这一代人是幸运的,生逢其时,也恰逢其世。我们的背景很"硬",这个时代和国家是我们青年一代成长的最大背景。美国硅谷流传说,人生最重要的是"坐上火箭"。当下的中国,不正是一架高歌猛进、史无前例的大"火箭"吗?

有幸遇上这样的时代,我们一定要配得上这样的时代。青年是新时代的生力军,是民族复兴的中坚力量。距离实现中华民族伟大复兴的目标越近,我们越不能懈怠，越要加倍努力，越要广大青年为之不懈奋斗。因为，"你所站立的那个地方，正是你的中国。你怎么样，中国便怎么样。你是什么，中国便是什么"。

（二）成长与梦想

成长是一个动静结合的词汇。说它"静"，因为它的主客体始终如一，即"我"。说它"动"，因为它体现了发展性和联系性。发展性是主体向着成熟或某一目标不断渐进、走向成熟的过程。联系性则指向成长前后因果、铺陈等紧密相连，不可间断。那么，这种发展的、联系的变化靠的是什么？

答案就是能力。一个人，如果没有适应能力，将无法融入集体、无法融入社会，会变得无所适从、畏惧未知；如果没有创新能力，将缺少一双发现新天地的慧眼，永远复制他人的既有成果，始终原地踏步；如果没有表达能力、写作能力等，将无法与外界很好地交流，无法构建自身与他人之间和谐友善的关系，最终变成"全世界都不懂我"的孤独的零余人。能力对个人成长的重要性由此可见一斑，它是个人成长的重要选择。

从个人角度来讲，能力的提高，不仅是个人成长的选择，更是梦想实现的选择。

美国人际关系学大师戴尔·卡耐基曾说："我们都拥有自己不了解的能力和机会，都有可能做到未曾梦想的事情"。梦想并不是遥不可及的，逐梦前行，带梦起航，说不定哪天，你的梦想就能变成现实，因为我们可能具有某种"隐形"的能力，只要我们能早一点、多一点拥有并合理掌控自己"隐形"的能力，让其释放，那么，我们就可以离梦想更近一点。

梦想根植于时代，不同的时代赋予青年人不同的梦想。古语云："仓廪实而知礼节，衣食足而知荣辱。"物质生活的满足让人知礼节、知荣辱，奠定美好生活的基础。改革开放以来，我们的物质生活条件明显改善，出生于2000年前后的大学生没有衣食之忧，物质生活的满足已经不是主要矛盾，美好生活已经很大程度上成为一种精神追求。"真正的美好生活，只能建立在一个更为公正和平等的共同体基础上，而不可能停留在堆金积玉的物质条件之上，也不可能是曲高和寡的文人墨客的精神追求，唯一能够实现美好生活的，只能从现实的历史背景出发，在政治制度和社会生活层面上，创造一个更公平，更和谐，也更具有兼济天下精神的共同体"[1]。换言之，我们的美好生活与社会发展紧密融合，我们需要将美好生活置于社会、时代的大背景下。

曾经在不同时间、不同场合，我们大喊"无奋斗、不青春"的口号，我们深知21世纪是以能力为主导的知识经济时代，我们深知人力资本已成为企业尤其是知识型企业最具活力、最具价值的第一生产要素，而人力资本的价值最终体现在其拥有的能力上。社会竞争的激烈，对美好生活的向往，是青年学生提高自身能力的内在动力。唯有具备较高的综合能力，才能在社会生活的各个方面脱颖而出，才能在时代推进的洪流中实现个人价值。

（三）传承与发扬

纵观古今中外，"能力"是历代能人志士不懈的追求，人们赋予它丰富的内涵。

孔子时期，儒学教育就以"礼乐射御书数"六种技能要求学生，希望他们能够掌握礼仪、音乐、射箭、驾车、识字、计算等能力。六艺教育，看似六样，其实包含了数十项技能，涉及了政治、语文、思想品德，还有骑马、射箭、音乐、数学等。既有文科的内容，也有理科的内容，甚至还包括了体育和艺术。学完这些，才称得上是一个"德智体美劳"全面发展的优秀古人。儒家思想在"仁义礼智信"的道德建设下，希望人能够成为"为天地立心、为生民立命、为往圣继绝学，为万世开太平"的一流人才，承担起养护天下苍生的重任。这份责任是沉甸甸的，充满着使命感。

老庄流派把自然之道作为万物本原存在以及发展的规律，以"道之自然

---

[1] 蓝江:《什么是美好生活》,《光明日报》2018年8月23日。

无为"为教育目的，重视"不言之教"。表面上看来，似乎对人能力的要求并不明显，但所谓的"无为而治"，实则对人能力的培养提出了更高的要求。每个人都能够保持真诚的赤子之心，不仅是对待周围事物和他人保持真诚，更重要的是不虚伪、不做作、实事求是、踏踏实实地做好自己的本分，保持真心、真诚，保有真知、真我，乐观地面对生活，特别是在逆境中保持真我。这份能力是旷达的，同时也充满着生命力。

轴心时代的古希腊对人能力的要求更为确切，雅典的辩论让人们拿起民主和理性的武器，探索未知、寻求智慧，在批判中反思自我。斯巴达的铁血令臣民成为团结和热血的战士，扎实训练、刻苦努力。"一文一武"的古希腊城邦，需要的人才既能够具有理性的批判精神，又能够充满感性的理想主义，能够民主也能够团结，能够文明其精神，也能野蛮其体魄。这份能力是多元的，同时也是充满人文关怀的。

新时代背景下，社会将发生巨大变化，面对各种思想、知识和文化的大发展、大融合，对于能力的要求也将注入新内容。无论对能力提出哪些新要求，能力的重要性都是毋庸置疑的，要想紧跟社会发展的步伐，都需要新时代的大学生追寻先贤的足迹，激活自身潜在能力，成就优秀的自我，乘着能力之翼带领自己走向人生一个个新高度，在实现一个又一个新高度中，勇担时代使命和责任，把握青春成就梦想。

二、追根溯源谈能力

（一）本领与态度，缺一不可

什么是能力？每个人都能给出几个不一样的答案来。

其实关于"能力"的界定多来自心理学的研究成果。有研究者将能力界定为人类的一种特殊的心理特征和心理条件，包括人对某项任务或活动的现有成就水平和其具有的潜力、可能性。大卫·麦克利兰将能力界定为能明确区分在特定工作岗位和组织环境中杰出绩效水平和一般绩效水平的个人特征，包括知识（Knowledge）、技能（Skill）、自我概念（Self—Concept）、特质（Traits）和动机（Motives）。还有研究者认为，能力是那些能够广泛应用和迁移的知识和技能。

尽管对"能力"的界定尚未形成统一说法，但可以肯定的是，能力是人认识世界、改造世界的思路和方法，是人做事的才能，是人把知识、技能、智慧变成现实生产力的本领。它既包含外在个性与特质，又包含内在的动机与态度。

能力具有丰富的外延。不同时代对能力需求不同。汉代以军功为能，魏晋以门第为能，隋唐以勋爵为能，两宋以学识为能。西方中世纪以骑士之英勇、宗教之深远为能，近代以坚船利炮、科学技术为能，当代以资本实力、军事威慑为能。不同阶段对能力需求不同。孩提时期重要的是学习能力，壮年时期考验的是处世能力，老年时期需要的是爱的能力。不同文化对能力的界定不同。美国对能力的界定，更关注把能力界定为与有效的、卓越的工作表现相关的潜在的个人特质，关注人的胜任特征。英国对能力的界定更关注职业能力（Occupational functional competence）。法国理论界对能力的界定主要集中在人力资源管理和人力资源发展方面。德国对能力的界定聚焦于"核心资格"（key qualifications），其中既包括个人能力，如自主行动、独立解决问题、灵活性、合作和道德完善，也包含要满足具体的工作要求的能力，即实践的能力。[①]

不同的社会角色，其能力内涵存在一定的差异。比如，教师要有教书育人的能力，运动员要有挑战极限的能力。对于大学生而言，其能力是指在大学阶段所学知识、经验和技能的积累基础之上，经过长期系统性的训练而逐渐形成的改造现实世界的本领与态度。

（二）能力与态度，孰轻孰重？

我们时常听到这样的讨论，能力与态度究竟哪个更重要？

---

① 参见杜瑞军、周廷勇、周作宇：《大学生能力模型建构：概念、坐标与原则》，《教育研究》2017年第6期。

针对这个问题，蒙牛乳业集团的创始人牛根生有过一段非常经典的阐述："有德有才，破格重用；无德无才，坚决不用；有德无才，培养使用；有才无德，限制录用。"

能力代表现在，态度代表未来。进退之间的差别取决于一个人的态度。在生活中，我们常常看到这样的现象：有的人，虽然能力略有欠缺，却人缘热闹、口碑吐春，不仅近悦远来，而且事业日上。而有的人，虽然在能力上，可谓是架海擎天，呼风唤雨，却人缘冷清、口碑见冬，不仅孤家寡人，而且壮志难酬。这说明，仅有能力，没有态度，一个人的发展难以长久。你现在的态度，可能决定十年后你会成为一个什么样的人。

因为，态度决定了能力的高低。

没有好的态度，能力会与日俱减。但只要态度积极，经过积累能力也早晚能够得到改进。因为"态度"就是，你想把自己"能力"的边界，推到多远。

西方有句名言：态度雇佣，技能培训。即企业在招聘员工的时候主要看态度，待员工入职后再去培训、提升能力。也就是说，能力是可以通过培养获得的，但因为一个成人的世界观、人生观、价值观的可塑性已经不强了，所以，态度这个维度的改变就很困难。因此，企业在招聘员工的时候，更应该注重态度。找到态度合适的人加以培训，就能产生绩效好的员工。

同样的例子在中国也适用。阿里巴巴就是一个非常讲究态度的公司。阿里巴巴官网这样描述企业的价值观："阿里巴巴集团的六个价值观对于我们如何经营业务、招揽人才、考核员工以及决定员工报酬扮演着重要的角色，该六个价值观为：客户第一、团队合作、拥抱变化、诚信、激情、敬业。"阿里巴巴的面试中有独特的 HR 面试，HR 有一票否决制，以确定申请人是否符合公司的价值观。就连绩效考核打分也有两个独立的分：能力和价值观。能力强而价值观不符合企业文化被开除的人不在少数。

因为，态度影响了能力的发挥。

龟兔赛跑的故事我们耳熟能详。一只行动敏捷却自以为是的兔子，因为贪睡懒觉，输给了能力欠佳却勤勤恳恳的乌龟。

有这样一则职场故事：有个名校毕业的男孩做事能力很强，处理问题又快又好。同样一件事，别人做两三天，他一天就做完了。于是在剩下的时间里，他就坐在办公室里玩手机，而不顾同事们熬夜加班。偶尔有同事试探性地找他帮忙，他要么糊弄着干一点，要么根本不理。

就这样，这个男孩轻轻松松地工作了几年，公司升职的名单上始终没有他。他非常生气，跑去找老板理论——以他名牌大学高材生的背景，工作中表现出来的卓越能力，凭什么不给他升职。

老板一句话就把他怼了回去："凭你的能力能当组长，可你的态度决定你只能当个组员。"

能力再强，也无法弥补态度的短板。因为一个人的成就常常取决于他愿意做多少，而不是他能做多少。

那么，你会不会认为态度就比能力更重要呢？

不，态度固然重要，但态度必须转化为能力才会发挥价值。

你请个律师，态度很好，但是该你赢的官司打输了，你会满意吗？

你请个教练，态度很好，但是训练了很久没有效果，你会满意吗？

你看个医生，态度很好，但是该成功的手术没做好，你会满意吗？

……

所以，只有能力和态度相互结合、相得益彰才是理想状态。有态度，继而用能力证明自己的态度。所谓"态度决定一切"，真正的意思是：我已经许下诺言要玩真的了，而不是喊完口号洗洗睡了。

第二节 学若多能 擎天架海——大学生核心能力体系的构建

100年前,一句振聋发聩的声音回响在旧社会的课堂中,"为中华之崛起而读书!"90年前,一位雄姿英发的革命青年以天下为己任,写下了这般壮志豪情的诗句,"恰同学少年,风华正茂,书生意气,挥斥方遒",在今天,习近平总书记对广大青年学生殷殷教诲:"青年要'为世界进文明,为人类造幸福,以青春之我,创建青春之家庭,青春之国家,青春之民族,青春之人类,青春之地球,青春之宇宙,资以乐其无涯之生'。"[1] 大学生是青春的力量,国家的发展、社会的进步、民族的复兴,需要无数有志有为的当代大学生为之不懈奋斗。培养优良的品德、进取的精神、过硬的本领、出色的能力,是国家和人民赋予每一位大学生的时代责任和光荣使命。为了承担起这份责任与使命,高校构建新时代大学生核心能力体系尤为重要。

但是,大学生核心能力体系的建立,需要着眼于国家、社会的发展需求,需要着眼于学生未来的发展需求,需要预先规划。就高校而言,要从哪些方面培育学生的核心能力?其能力发展可以从哪些角度强化,向哪些方向延伸呢?

围绕大学生核心能力建设这个命题,我们不妨尝试从国家社会的发展需要、高等教育的育人目标和大学生自身的能力现状三个维度进行思考与解答。

一、大学生核心能力所依何处

(一)阿喀琉斯之踵与奋进者之桨

1. 创新就是为了不被卡脖子

中国,历经70年的奋斗,已然站起来了、富起来了,但要实现强起来

---

[1] 习近平:《在庆祝中国共产党成立95周年大会上的讲话》,人民出版社2016年版,第27页。

依旧任重道远。强起来依靠什么？必须依靠创新。习近平总书记指出："创新是一个民族进步的灵魂，是一个国家兴旺发达的不竭动力，也是中华民族最深沉的民族禀赋。在激烈的国际竞争中，惟创新者进，惟创新者强，惟创新者胜。"①

2018年4月16日，美国商务部发布公告称，美国政府在未来7年内禁止中兴通讯向美国企业购买敏感产品。针对美国的封杀，中国政府经过多方交涉，换回了中兴的一条带"血"的活路。不得不说，中兴事件对中国企业乃至整个中国都是一个镜鉴，中国必须进一步提高自主创新能力，加快创新步伐，尽快把核心技术掌握在自己手中，才能挣脱"受制于人"的不利处境。

2019年5月，美方宣布进入"紧急状态"，美国企业不得使用对国家安全构成威胁的企业所生产的电信设备，同期，美国商务部将华为及其70个分支机构列入所谓"实体清单"。今后如果没有美国政府的批准，华为将无法从美国企业购买元器件。挽狂澜于既倒，扶大厦之将倾，面对美国占比36%核心供应商的不利处境，华为在数千个日子里日夜兼程的打造出的"备胎"海思芯片终于"一夜转正"。华为以"华为创造、中国创造"诠释了泱泱大国的勇气、智慧和毅力，避免了再次出现"国际巨婴"的悲剧。事实证明，在极限施压的处境下，我们只有用伟大的创新、创造才可挺直脊梁，奋力前行！

自信人生二百年，会当水击三千里！另一家中国企业格力在20余年里广告语的更迭，从另一个角度反映了创新的重要性。从"格力电器创造良机"，"好空调，格力造"，到"掌握核心科技"，"让天空更蓝，大地更绿"，再到如今的"格力，让世界爱上中国造"。五条品牌口号的变化，清晰勾勒出格力的发展路径。格力通过抓住核心技术，全面创新，走在了行业的前端，最终自信地喊出了"格力空调世界第一"。

---

① 中共中央文献研究室编：《习近平关于科技创新论述摘编》，中央文献出版社2016年版，第3页。

华为、格力是中国民族企业中的佼佼者。但不可否认的是，与发达国家相比，我们国家依然在很多方面存在明显的差距和不足。习近平总书记对此有过精辟的论断："我国创新能力不强，科技发展水平总体不高，科技对经济社会发展的支撑能力不足，科技对经济增长的贡献率远低于发达国家水平，这是我国这个经济大个头的'阿喀琉斯之踵'。"① 与发达国家相比，我国至少还在包括光刻机、芯片、操作系统、航空发动机短舱、触觉传感器、真空蒸镀机、手机射频器件、iCLIP技术、重型燃气轮机、激光雷达、高端电容电阻、核心工业软件、ITO靶材、航空钢材、铣刀、高端轴承钢、高压柱塞泵、航空设计软件、高压共轨系统、透射电镜、掘进机主轴承、微球、水下连接器、燃料电池关键材料、高端焊接电源、锂电池隔膜、医学影像设备元器件、超精密抛光工艺、环氧树脂、高强度不锈钢、数据库管理系统、扫描电镜等在内的30余个科技领域中被人"卡脖子"，这些领域的家底还很薄，时间积累依然不够。因此，对待科技创新，等待观望不得，亦步亦趋不行，必须要有只争朝夕的紧迫感，快马加鞭予以推进。

创新不是说空话喊口号，创新也不是做表面工作。创新必须依靠人才驱动。冯小刚导演的贺岁片《天下无贼》中，黎叔有句经典台词："21世纪，什么最贵？人才！"的确，人才是第一资源、第一资本、第一推动力。任何科技发展、技术革新都必须要以人才、技术、专利、能力等各方面的优势为依托，才能最终形成真正的突破。在全国科技创新大会上，习近平总书记这样说道："广大知识分子要增强创新意识，敢于走前人没有走过的路，敢于抢占国内国际创新制高点。要把握创新特点，遵循创新规律，既奇思妙想、'无中生有'，努力追求原始创新，又兼收并蓄、博采众长，善于进行集成创新和引进消化吸收再创新；既甘于'十年磨一剑'，开展战略性创新攻关，又对接现实需求，及时开展应急性创新攻关；既尊重个人创造，发挥尖兵作用，又注重集体攻关，发挥合作优势。"② 渴望强起来的"大个子"中国，需

---

① 《习近平谈治国理政》第二卷，外文出版社2017年版，第198页。
② 习近平：《在知识分子、劳动模范、青年代表座谈会上的讲话》，人民出版社2016年版，第5页。

要创新人才的推动。唯有育天下英才、聚天下英才，才能克服我国的"阿喀琉斯之踵"。当代大学生作为国家的明日英才，要积极投身创新发展实践，想国家之所想、急国家之所急！要不断增加知识积累，不断强化创新意识，不断提升创新能力，不断攀登创新高峰。

2.实干才能兴邦

如今的中国经济繁荣、百业兴旺，神舟飞船、辽宁号航母、国产大飞机、高速铁路、移动支付等一个个伟大的成就，都在预示中华民族的重新崛起。如果说，过去、现在、未来，是三点连成历史的趋向，那么，奋斗就是连接这三点的红线。没有奋斗，就没有过去，也没有现在，更没有未来。70年砥砺奋进取得的举世瞩目的辉煌成就，正如习近平总书记深刻总结的那样："无论是在中华民族历史上，还是在世界历史上，这都是一部感天动地的奋斗史诗。"①

实干完成从无到有。放弃15亿元的天价技术，攻破一个个技术难题，十年如一日的拼搏积累，港珠澳大桥成为了中国桥梁的一张亮丽名片；厦漳跨海大桥、青岛跨海大桥、武汉长江大桥、天兴洲大桥，沙漠戈壁的"天路奇迹"京新高速，筑起了一道道亮丽的风景线。在党中央的坚强领导下，中国人抓住机遇，用实干精神一次次证明：任何美好生活，都需要撸起袖子加油干。

实干才能家国同在。从"把一切献给党"的枪神吴运铎，到"拼命也要拿下大油田"的铁人王进喜；从"把有限的生命，投入到无限的为人民服务之中去"的好榜样雷锋，到"家就是岛，岛就是国"的"守岛英雄"王继才；从"心有大我，至诚报国"，创造多项"中国第一"的黄大年，到把"论文写满高原"，扎根大地的人民科学家钟扬。无数的时代楷模舍小家为大家、以国为家，用汗水和芳华与民族同命运、与祖国共奋进、与时代齐发展，在实干中绽放生命的精彩。

实干可以升华生命。罗阳，一个普通而又伟大的名字。为了让我国早点

---

① 《习近平谈治国理政》第三卷，外文出版社2020年版，第326页。

实现国防现代化，为了让中华民族扬眉吐气，他夜以继日地奋战在工作一线。舰载机起飞了，他却倒下了。留下了憔悴的背影，却给了我们灿烂的笑容。并未因疲惫而停止奋斗，并未因辛劳而放弃热爱。他用自己的生命诠释了实干精神，他用自己的生命铸造了时代精神！

以今天之奋斗成就明天之强盛，以今天之实干续写明天之荣光。民族复兴的梦想要靠奋斗来实现，人生理想的风帆要靠实干来扬起。习近平总书记说过："无论过去、现在还是未来，中国青年始终是实现中华民族伟大复兴的先锋力量！"[1]"没有广大人民特别是一代代青年前赴后继、艰苦卓绝的接续奋斗，就没有中国特色社会主义新时代的今天，更不会有实现中华民族伟大复兴的明天"[2]。

"敢问路在何方？路在脚下！"新时代的大学生，要勇做走在时代前列的奋进者、开拓者、实干者、有为者，乘奋斗之舟、握实干之桨，挥洒汗水、砥砺青春，在实现中华民族伟大复兴中国梦的伟大实践中谱写人生华章！

（二）世界一流大学的能力培养方向

耶鲁、哈佛、麻省理工、北大、清华、牛津、剑桥……说到世界一流大学，这些学生们心向往之的名字就会脱口而出。一所好的大学一定有它自己的灵魂，它如风一样，你看不见，却能体会和感觉到，这就是其在长时间的办学实践中所形成的各自特有的育人目标与育人体系。

耶鲁大学自建校之初，就以为教会和国家培养优秀人才为己任。进入21世纪，理查德·莱文校长（1993年至2013年任耶鲁大学校长）更是秉持精英教育传统，立志为全世界培养领袖人才。因此，耶鲁一直非常重视培养学生的领导才能。除此之外，耶鲁坚持自由教育理念，注重培养学生的批判能力、独立思考能力和社会实践能力，奠定其终身学习的基础[3]。耶鲁还

---

[1] 习近平：《在纪念五四运动100周年大会上的讲话》，人民出版社2019年版，第5页。
[2] 习近平：《在纪念五四运动100周年大会上的讲话》，人民出版社2019年版，第9页。
[3] 参见国兆亮等：《"光明与真知"——耶鲁大学办学理念探析》，《高等理科教育》2013年第2期。

非常强调学生的国际视野和全球能力，要求所有本科生毕业前必须有国际阅历，必须学习至少一门外语课程。①

哈佛大学提出，"教育要为学生养成自立和终身学习的习惯奠定基础，让学生在未来的生活中能够增加学识、增进理解、服务社会"。负责本科生教育的哈佛学院明确其使命为："哈佛致力于知识的创造、学生心智的开发，并使得学生能最好地利用他们的教育机会。"为此，学院在以下几个方面重视培养学生：对思想及其自由表达的尊重；发现与批判性思维的乐趣；在创造性合作中追求卓越；对个人行为后果承担责任。哈佛同时鼓励学生的参与、探索、创造、竞争与领导精神，以便提高其能力、激发其兴趣、启迪其智慧、挖掘其潜能。

麻省理工学院强调，帮助学生学习专业知识从来不是重点，而培养学生"手脑并用"的实践能力、勇于探索的创新能力、善于沟通的团队合作能力以及不断求知的终身学习能力等综合素质，才是真正的教育追求。其教育理念和使命中都渗透了加强实践教育的思想。麻省理工学院的校训强调手脑并重，既学会动脑、又学会动手，在实践中学习、在实践中创新。为了践行这一教育理念，学校设计和组织了大量旨在提高学生实践能力的活动，给学生提供足够的实战空间。例如，1969年创立并延续至今的"本科生研究机会计划"（UROP）。这项计划旨在加强麻省理工学院大学生和教职员之间的研究合作，是美国最早、也是最成功的本科生科研方案之一。本科生可利用这个机会熟悉很多教师，学习潜在的专业知识，了解自己感兴趣的领域，从科研训练中获得他们毕业后工作所需要的实际知识技能。再如，持续时间近40年的"独立活动期"计划（IAP），每年从1月的第一周开始直到月末的4周内，不仅学生可以独立做研究课题，而且本科生还有机会在学校40多个跨学科实验室和研究中心同老师一起做研究。另外，在此期间学校主办和组织各种各样的活动，包括会议、论坛、专题演讲、电影、游览、吟诵和比

---

① 参见刘彦博、祝非凡、陈华荣：《美国一流大学建设和政策驱动及创新机制分析》，《中国高教研究》2016年第8期。

赛等，学生可以从事自己感兴趣而在平日里却没时间顾及的东西，获得全面提升。

其他世界一流大学在大学生领导能力、实践能力、全球意识等方面亦有各自不同的做法。

芝加哥大学开设《领导：有效性与发展》课程，期望通过提供创造性的方式或途径，促进学习者的自我反思和领导力的提升。马里兰大学设立的领导力发展项目，鼓励每一位大学生积极参加领导力培训，发掘自己的潜能。

伦敦帝国学院有专门的大学生科研训练的计划项目，并对另一部分"具有社会企业意识的学生"给予支持，为他们提供技能知识、扩展实践途径。提供创业实验室，并鼓励学生参加国际创新比赛，通过建立创新创业孵化基地等为学生提供创新创业广阔平台。

哥伦比亚大学强调扩大来校留学生规模，使学生在大都市接触多样化的国际群体。华盛顿大学麦道学院已与20多个国家的30余所顶尖大学建立教学研究合作关系，"提高学生成为世界公民的能力"是其主题之一，通过实施"冬季论坛"、"全球海外学期"、"全球咨询项目"三大计划，确保教育全球化目标实现。

清华大学围绕立德树人的根本任务，确立价值塑造、能力培养和知识传授"三位一体"的教育理念和人才培养模式，致力于培养肩负使命、追求卓越的人，使学生具备健全人格、宽厚基础、创新思维、全球视野和社会责任感，实现全面发展和个性发展相结合。2009年推出的"清华学堂人才培养计划"和2010年开始试点的"基础学科拔尖学生培养试验计划"都是推动学校人才培养的深层次改革和体制机制创新，促进整体人才培养质量进一步提高的具体举措。

北京大学以"追求真理、追求卓越、培养人才、繁荣学术、服务人民、造福社会"为办学理念，坚持立德树人，坚持教学育人、研究育人、文化育人、实践育人、全员育人相结合，重视基础，尊重选择，追求世界最高水准的教育，培养以天下为己任，具有健康体魄与健全人格、独立思考与创新精神、实践能力与全球视野的引领未来的卓越人才。

由此可见，世界一流大学对学生的培养，不以知识的传授为唯一目标，而是着眼于未来、社会和学生自身发展的需求。耶鲁的莱文校长甚至说过，如果一个学生从耶鲁大学毕业后，居然拥有了某种很专业的知识和技能，这是耶鲁教育最大的失败。一个学生只有具备了学习能力、实践能力、创新能力、领导才能、国际视野，才能在纷繁复杂的世界拥有独立判断的能力，保留和坚守自己的价值观，无惧未来的任何挑战。

（三）当代大学生能力现状微探

早在秦汉时期，儒家经典《大学》中就曾讲道，"大学之道，在明明德，在亲民，在止于至善"。修身、齐家、治国、平天下是读书人的最高行为准则，是为师者的施教之道和为学者的求学之道。而大道背后所要求的，便是"格物、致知、诚意、正心"。即是说，要通过怀着对知识的真诚之心、以端正的求学态度，通过不断的学习实践，来达到知行合一。这样方能探知真理、磨炼品性，完成修身齐家、天下大治。

今天，站在多元开放的新时代，大学生们接受的教育不再限于四书五经，而是包罗万象的科技人文社科；所处的时代不再是"犹自音书滞一乡"，而是网络发达、信息通畅、全球一体。我国高水平一流大学对学生的能力要求是什么呢？我们的大学生达到能力培养的预期目标了吗？

纵览我国42所高水平一流大学的《一流大学建设方案》、《大学章程》、《本科教学质量报告》等，我们发现，就育人理念而言，国内高校与国际一流高校相比并不落伍。国内高校同样强调学生的学习能力、实践能力、创新能力、领导能力、国际意识等。但与之匹配的育人方案却不够完善，这使得育人目标虽近在咫尺却又似乎是空中楼阁。在这样的背景下，当代大学生的核心能力现状则是喜忧参半。

1. 主动学习意识不足

《国家教育事业发展"十三五"规划》对当下国民的学习状态有这样一段描述：我国高等教育大众化水平显著提升，全民终身学习的态势初步形成，但更加适应全民学习、终身学习的现代教育体系未来有待进一步完善。

对大学生而言，长期接受的应试教育在某种程度上培养了学生的学习能力，但"要我学"不如"我要学"，进入大学后，一旦没有高考指挥棒的牵引，大学生主动学习的意识就大为下降。

当代大学生学习动力不足主要表现在以下几个方面：第一，上课出勤存在旷课现象；第二，课堂教学活动不参与，存在课堂上玩手机游戏、上网、睡觉、看其他书的现象；第三，考前突击，考试作弊。① 这一现象直接导致的结果是大学生们的学习效果不佳。全国人大代表、深圳大学校长李清泉在2018年全国两会上就透露，深圳大学一年级退学的比例比较高，部分学生一进大学校园就彻底放松了，打游戏、不顾学业等。

2018年中国社会科学院对全国18所高校开展的"中国大学生追踪调查（PSCUS）"结果显示，在校大学生平均每天玩网络游戏的时间约为2小时，22.95%的大学生基本上每天都玩网络游戏。与之形成鲜明对比的是，中国新闻出版研究院公布的第十六次全国国民阅读调查数据显示，2018年人均每天读书时间为19.81分钟，比2017年减少0.57分钟；人均每天读报时长为9.58分钟，比2017年减少2.42分钟；人均每天阅读期刊时长为5.56分钟，比2017年减少1.32分钟。

大学生们内驱力不足，课堂投入不够，将大量时间放在网络上，学习状态堪忧。

2.动手实践能力欠缺

"空谈误国，实干兴邦"。再多的知识、再好的想法，没有落地实践也只能是纸上谈兵。学习能力固然重要，但实践能力则更具现实意义。柳传志认为，最好的认识人才和培养人才的方法就是让他们去做事。只有在赛马中才能识别好马，才能发现千里马。对于大学生来说也是一样，如果不经过实践的磨炼和检验，就很难真正为国家和社会的进步作出贡献。

在2017年的"中国发展高层论坛"上，富士康董事长郭台铭向工信部部长苗圩吐槽，大学教育与工厂实践有很大差距，大学生动手能力普遍不

---

① 参见葛翠翠：《当代大学生学习现状及改进建议》，《教育现代化》2016年第40期。

强。这一看法在企业负责人中比较普遍。北京生泰尔生物科技集团副总裁曾坦言:"大部分应届本科毕业生进入企业培训6个月后,都难很好地适应工作,其中主要问题就体现在动手能力不足。"正大集团北京总部人力资源部招聘总监也提到:"大学生在校期间都热衷于理论知识的学习,可忽略了动手实践能力培养。很多人毕业后进入企业,要在师傅一对一指导下,实习一年到两年才能够独立胜任工作。"

当代的大学生身上"眼高手低族"的标签与家庭教育和学校教育均密切相关。有相当一部分大学生在上大学之前的近20年时间里由于家庭条件优越或父母施教方式不当,成长在"衣来伸手饭来张口"的环境中,这样的学生很难在大学短短几年的时间内就锻炼出很好的实践能力。吉林大学周昌芳教授认为,大学办学经费和实验课时缩减是大学生动手能力下滑的主要原因,"在课时中基础课所占的比例过多,专业课和实验课都被淡化了。"他还强调,现在高校中的很多中青年教授自身动手能力也不足,这个因素也制约了学生的技能提高。① 另一方面,反思我们的大学教育,"论文就是创新"的观念成为主流学术评价方法。只考虑论文数量与影响因子,不考虑技术的实际应用价值,大多研究者被推着从事"理论"研究,只因其更易发表高质量文章。

3. 创新能力仍是短板

美国著名管理学大师托马斯·彼得斯曾说"要么创新,要么死亡"。可以说,在科技飞速发展的今天,一个人的创新意识与创新能力影响着他的发展高度,国家的创新能力也极大地影响着它的经济发展速度与国际影响力。

著名科学家钱学森最后一次系统谈话时为我国的大学教育和创新人才培养感到忧虑:"我回国这么多年,感到中国还没有一所这样的学校,都是些一般的,别人说过的才说,没说过的就不敢说,这样是培养不出顶尖帅才的。我们国家应该解决这个问题。你是不是真正的创新,就看是不是敢于研究别人没有研究过的科学前沿问题,而不是别人已经说过的东西我们知道,

---

① 参见洪克非:《大学生的动手能力,顶多算及格》,《中国青年报》2010年11月19日。

没有说过的东西，我们就不知道。所谓优秀学生就是要有创新。没有创新，死记硬背，考试成绩再好也不是优秀学生。"① 钱老的这种忧虑在 2016 年的两则报道中得到印证。

有研究者对比中韩两国大学生的学习状态，特别指出中国顶尖大学的学生缺乏创新性。研究人员将原因归咎于中国以考试为导向的教育文化，以及大学期间学生工作量过于繁重。研究指出，中国名校，特别是顶尖高校的学习环境带有强烈的竞争色彩。大部分学生都把注意力集中在应付考试和获取各种考试证书之上。对于这些名校的大学生来说，大学生活变成了中学生活的一种延续。②

2016 年 7 月 30 日，《纽约时报》也发表了一篇以《研究显示中国学生具有超强的批评性思维能力，进入大学后停滞不前》为题目的文章，透露了斯坦福大学一项尚未完全公开的研究成果。该课题研究人员发现，中国的计算机科学与工程专业的大学生，在经过了两年的大学学习之后，在批评性思维能力方面几乎没有任何提高；而与此同时，俄罗斯和美国相同专业的大学生则在批评性思维能力方面有较大幅度的提高。中国学生在批评性思维能力上的优势，到他们进入大学之后就开始消失了。③

4. 领导能力亟需提高

中国传统文化崇尚"中庸之道"，在人伦关系上，在世界观和方法论上追求中庸之道，以实现和的状态，所谓和合与共。而在当下，这种"致中和"的精神却演变为遇事和稀泥，谁都不得罪。"佛系青年"的生存态度亦开始流行。年轻人崇尚一切随缘、不苛求、不走心的生活方式。大学生们为了合群，大多数时候不愿"露头"，仿佛露头就等同于不好相处，等同于异类。心理学上有种现象，叫"羊群效应"：在一个集体里待久了，从众惯了，就会逐渐丧失自己的判断。这使得当代大学生的领导能力明显不足，有待提高。

在谈到中国的大学生到底缺什么、到底什么东西最重要时，曾任电子科

---

① 钱学森：《钱学森最后一次系统谈话：大学要有创新精神》，《教书育人》2010 年第 1 期。
② 参见郭英剑：《中国名校大学生创新力滞后》，《中国科学报》2016 年 10 月 20 日。
③ 郭英剑：《中国名校大学生创新力滞后》，《中国科学报》2016 年 10 月 20 日。

技大学校长、中国工程院院士李言荣认为,学生领导力培养应该成为新工科人才培养改革的重要方向,领导力应该成为新时代大学生引领未来的必备素养。大学生应该主动表达自己的思想、情绪、观点、方法,让更多的人跟随你,支持你。

据前耶鲁大学招生官介绍,类似耶鲁这类名校在录取过程中,除了要求成绩优秀外,极为重视对学生领导力的考察。"这种能力不是一蹴而就的,需要学生发掘自己的兴趣点,持之以恒,最终才能成为一个有主见、有影响力的领导者。"然而,领导力正是中国申请者的一块软肋。由于缺乏这方面的经历和经验,学生只能在申请文书上寥寥数语,描述自己参与的一些常见的社区公益活动,或者罗列自己参与创办的一些社团名字,大多千篇一律。

5. 全球视野有待加强

周有光先生说,鱼在水中看不清整个地球。人类走出大气层进入星际空间会大开眼界。今天看中国的任何问题都要站在世界这个大视野的角度,光从中国角度看问题是有局限性的。

可事实上,人们还是更愿意从自己的角度出发,热切地追求看得见摸得着的现实利益。登东山而小鲁,登泰山而小天下。一个国家的视野,能够决定其在国际格局中的地位;一所大学的视野,决定了他施教的广度和深度;一个人的视野,能够影响他的事业和成就,更能决定他人生的高度。为学生提供国际化教育,为大学培养国际化人才,无论是对于学生而言,还是对于大学而言,都不是一种选择,而是一种必需,更是一种追求。[①] 习近平就任总书记后首次会见外国人士时就表示,国际社会日益成为你中有我、我中有你的"命运共同体",面对世界经济的复杂形势和全球性问题,任何国家都不可能独善其身。在世界格局多变、经济全球化的大背景下,培养大学生的全球视野是一种必然选择。

---

① 谢和平:《国际化视野 国际化人才》,《光明日报》2013年9月30日。

二、当代大学生核心能力体系的建立

（一）未来社会对大学生核心能力的导向

在新世纪的大学校园里，对人才培养的根本目标是让学生在面对未知的挑战时，既有勇气去面对它，更有能力去战胜它。未来必将到来，当潮水真正到来时，能够拥抱它，而不是被淹没。基于此，站在未来的维度，考量国家发展、社会进步、个人成长所需的核心能力，大学生应具备五大核心能力。

学习成为生活常态。埃德加·富尔在《学会生存》一书中写到："未来的文盲不再是不认识字的人，而是没有学会怎样学习的人。"我国正处在改革发展的关键阶段，面临着工业化、信息化、城镇化、市场化、国际化深入发展而带来的方方面面的压力与挑战。新时代，知识更新不断加快，社会分工日益细化，新技术新模式新业态层出不穷，这既为青年学生施展才华提供了广阔舞台，也对学生的学习能力提出了更高的要求。国家和社会所需要的，是肯学、勤学、会学的大学生。只有深度学习和终身学习才能使个人和团体具备取之不尽、用之不竭的"活水源头"。

实践是成功的基石。不登高山，不知天之高也；不临深溪，不知地之厚也。未来的发展如何，应由未来的实践来回答，否则，只能陷入不切实际的空想。中华民族自古以来都是实干的民族。从神农尝百草到袁隆平水稻杂交，从李时珍的《本草纲目》到屠呦呦教授发现青蒿素，无不揭示了同一个道理：要学会游泳，就必须下水！大学生们在创新、创业和工作中要勇于尝试、敢于动手、积极求索、不怕失败、久久为功。习近平总书记曾说，要"于实处用力，从知行合一上下功夫"。[1] 把书本上、课堂中、学校里学得的知识，外化到行动和实践当中，才是真正的学以致用。而实践的关键在于笃实和磨炼。大学生要摒弃心浮气躁的缺点，克服眼高手低的通病，迈稳步子、打好基础，并勇于尝试、百折不挠，才能知劲草、炼真金。

---

[1] 《习近平谈治国理政》，外文出版社 2014 年版，第 173 页。

创新是发展的不竭动力。人类社会从低级到高级、从简单到复杂就是一个不断创新的过程。原始社会里，对火的使用使人类进化的历程向前迈进了一大步；第二次工业革命中，电灯的发明更使家家户户走入一个色彩斑斓的世界。可以这么说，创新，就是发展。而目前，我国经济已由高速增长阶段转向高质量发展的阶段，这就对创新提出更高的要求。想要在高端行业拥有话语权，想要在国际社会进一步提升中国的地位，则一定要追求以创新为导向的高质量发展。创新型发展呼唤创新型人才。在知识无限膨胀、陈旧周期迅速缩短的情况下，大学生要有意识地构建自己的知识结构，掌握核心科技，更好地达到完善自我和适应社会的目的，才能在未来社会的滚滚浪潮中"任尔东西南北风"。

领导力发挥重要作用。当知识经济到来，具有专业素养的工作者大比例增加，领导能力的重要性必将凸显出来。一名优秀的领导者可以在管辖范围内充分利用资源和客观条件，能够以最小的成本提升整个团队的办事效率。它的意义在于，产生的影响力巨大，是个体行动非能所及的。亚太领袖发展协会创办人陈建宏表示，"作为未来最具影响力的国家，中国亟需一批拥有国际化领导力知识和视野的高素质领导者"。随着"一带一路"建设推进，中国企业品牌已经走在建立全球竞争力的道路上，年轻一代想要抓住契机大显身手，就要树立"领导"意识。而领导力不是有着超越常人的学习能力和专业水平，有追求的领导者会主动发起变革，以使命驱动，为自身、事业、祖国赢得尊重。

全球视野决定人生的高度。近年来，全球化虽然遇到挑战但仍在不断加深，文化的交流和碰撞已是常态。独行快，众行远；孤则弱，合则强。在多元化交流融合的国际形势和开放包容的社会大环境中，小到人与人，大到国与国，合作已成为必然趋势。要想发展就必须合作，而要想合作则离不开彼此的表达、沟通、交际、共情等。无论是人际交往，还是国际合作，说到底都是人与人之间打交道。只有将自己的小我融入群体的大我，才能与国家和人民共命运，与时代和发展同步伐。在这样的大背景下，全球视野将会决定未来人才能够到达的高度。

（二）核心能力体系的构建与解读

每一代青年都有自己的际遇和机缘，不同的能力，撑起不同时代的精神。在新时代背景下，对大学生"能"的培养，需承接过去的精髓，归纳当下的社会特征，立足我国的实际，打造符合时代要求和社会发展、学生成长的能力。由此，我们提出构建当代大学生核心能力体系。该体系共包含 5 个一级指标、17 个二级指标。其中，涉及内在品质的有 5 个二级指标，涉及外在行为的有 12 个二级指标，如表 3 所示。

表 3　当代大学生核心能力体系

一级指标	二级指标
学习能力	学习兴趣
	自学能力
	终身学习
实践能力	执行能力
	资源运用能力
	工程实践能力
	工匠精神
创新能力	逻辑思维能力
	辩证思维能力
	创新意识
	顽强的意志品质
领导能力	表达能力
	协作能力
	领袖意识
全球视野	认知能力
	包容能力
	跨文化交际能力

1. 学习能力

学习兴趣，指具有探索新知识或新学科的兴趣。

自学能力，指具备基本的自学能力，能够通过书本、网络等途径掌握新知识和新技能，并且能将所学知识形成体系，掌握事物发展的规律。

终身学习，指能够保持学习热情，坚持学习新知识。

兴趣是最好的老师。阿里巴巴创始人马云曾说："并不在乎一个人是哪儿毕业的，但是要不断地学习，不能生活在昨天。"尤其是对于当代大学生，学到老活到老的精神需要内化于心。所谓"知之者不如好之者，好之者不如乐之者"，终身学习的动力来源于对真理的求知欲和对科学的浓厚兴趣。

世界上伟大的创造，无不源于兴趣和热爱。无论是爱迪生发明灯泡，莱特兄弟制造飞机，还是居里夫人发现镭，克里克破解DNA，都源自兴趣的驱动。可以为了科学废寝忘食，可以为了研究不舍昼夜，这种出于内心的挚爱，便是学习兴趣，也是每一个人学习、成长和成功的最好老师。

三人行，必有我师。习近平总书记说："学习就必须求真学问，求真理、悟道理、明事理，不能满足于碎片化的信息、快餐化的知识。要通过学习知识，掌握事物发展规律，通晓天下道理，丰富学识，增长见识。"[①] 实际上，读书就是一种"学"和"问"的方式。在各项学习能力之中，自学能力是一项尤为重要的能力，因此，掌握正确的自我学习方法很重要。知识分解法、咨询法、深入思考法、调查法等都是值得参考的自学方式。同样，一本书、一件事、一个人，都是大学生拓宽眼界、丰富知识的工具，也是大学生来自各行各业的最好的老师。

"活到老，学到老"。巴菲特是这个世界上最佳的持续学习机器，他做的最多的事就是阅读。直到今天，他仍可以有效地学习，持续地改善其技巧。可以肯定地说，如果巴菲特不是个好学的人，一直停留在其早期的认识水平上，他的投资纪录就不会如此杰出了。这就意味着，我们要持续保持学习能力，在不断地应对挑战和自我否定中提升自我，将优秀持之以恒地保持下去。

2.实践能力

执行能力，指具有时间观念，做事不拖延，能够按计划推进工作。

资源运用能力，指能将学到的东西，落实到行动上，能够综合运用所学知识、信息、技术分析并解决问题。

---

① 习近平：《在北京大学师生座谈会上的讲话》，人民出版社2018年版，第13页。

工程实践能力，指具有较强的知识转化能力，能够运用专业知识及技能解决实际工程及生产中的问题。

工匠精神，指不满足于问题的基本解决，力求精益求精。

行动在先，做事不拖延。不要让各种眼花缭乱的消遣娱乐式活动消磨了你的精力，执行能力才是迈向成功的第一步。作家为了完成一部著作，通常都要规定自己每天写的字数，杰克·伦敦每天写1000字，写够就停笔；阿瑟·柯南·道尔每天写3000字，才诞生了一代经典《福尔摩斯探案集》。落实执行能力的具体做法为将远期的危险具体化，不要觉得当下这一分钟没有关系，把最终会造成的最差后果摆在眼前，以提醒自己。其次，要设立红线，严格执行，不给自己任何借口开脱，什么时间做什么事情，严格执行，拒绝拖延。

统筹全局，知识不浪费。跨学科研究适应时代发展的需求。在2008年诺贝尔奖获得者北京论坛上，华人图灵奖得主姚期智指出：多学科交叉融合是信息技术发展的关键，当不同的学科、理论互相交叉结合，同时一种新技术达到成熟时，往往就会出现理论上的突破和技术上的创新。综合运用所学知识，进一步提高自身分析问题、解决问题的能力，正如当下材料、化学、物理等学科都服务于医学领域一样。作为新时代大学生，更不应该把专业知识与实际生活分成两张皮，多将书本上的科学道理运用到实际生活中，用严谨的科学去指导生活，知识的力量正蕴含于此。

工匠精神，追求不设限。金无足赤人无完人，物也好，人也好，没有十全十美的，因为人们对完美的追求没有上限。格力董事长董明珠说："我在国外看到很多经历一百多年历史的很小的企业，至今仍然活得很健康，这些企业从来不刻意追求规模，更多的是体现了一种工匠精神。唯有工匠精神才能改变这个世界，也唯有工匠精神才能真正改变我们中国制造业的现状。"换句话来说，从工人到工匠的转变是每一位大学生理当追求的卓越。

3. 创新能力

逻辑思维能力，指思考、说话、做事均条理清晰，有条不紊，主次分明。

辩证思维能力，指具有批判精神，敢于挑战权威，能多角度、辩证地分

第三章　固壁擎天——大学生能力锻造之路

图5　同济大学国际建造节

图 6 同济大学国际建造节

析问题。

创新意识，指不满于现状，具有好奇心和想象力，乐于尝试改变现状。

顽强的意志品质，指具有良好的心理素质和一定的抗压能力，能够坚持将艰苦的探索活动进行到底。

物有本末，事有终始。逻辑思维能力是指正确、合理思考的能力。它可以归纳为两点：首先，是对事物的正确认识。正确认识事物要求要有全面、系统化的知识。全面了解，才能有效推进各方向思考，才能抓住重点深入分析。其次，是准确而有条理地进行自我表达。事实是什么，需求是什么，结论是什么，是最简单的逻辑表述自我整理路线，它能让你与合作者更高效地沟通。掌握逻辑思维的精妙，摸清事物的本质，有效地表达自我，才能有不畏浮云遮望眼的高度。

尺有所短，寸有所长。辩证思维是反映和符合事物辩证发展过程及其规律性的思维，它的特点是处于不断变化中。习近平总书记强调，"我们的事业越是向纵深发展，就越要不断增强辩证思维能力"[①]。当下社会，无论工作还是生活，各方利益关系都十分复杂且处于不断变化之中。这就要求当事人具备分析当下和长远的关系、整体和局部关系、主要和次要的关系等。

苟日新，日日新，又日新。这句话是商朝开国君主成汤刻在澡盆上的警词。习近平总书记在多个场合多次引用该句，更加印证了他一贯的观点：创新是一个民族进步的灵魂，是一个国家兴旺发达的不竭动力，也是中华民族最深沉的民族禀赋。从远古时代到现在的信息时代，每一次社会的进步都是创新在助力，若没有创新能力则只能重复前人的工作，难以取得突破性进展。创新更是紧跟时代发展，每个时代都有自己的创新需求，时代不会出现一项最好的技术，需要的永远是更好的创新。创新意识、创新思维、创新能力让我国的高铁技术引领世界，让电子支付强劲发展，让时代快速发展，也将更多机遇留给善于和勇于创新的人们。

[①] 中共中央文献研究室编：《习近平关于全面建成小康社会论述摘编》，人民出版社2016年版，第195页。

图 7　同济大学 2018 年举行首届"世界创新创业博览会"

创新的另一个名字叫"失败"。"有两个字最能代表我五十年内在科学进步上的奋斗,就是'失败'两字。"成功铺设第一条大西洋海底电缆的科学家威廉·汤姆孙曾如此概括自己一生的奋斗。这道出了科学技术研究作为创造性事业所面临的挑战。人们对客观事物的认识过程,绝非像照镜子那么简单,一眼就能看透其本质、洞悉其规律,只能在探索中积累经验、在实践中破疑前行。在这一过程中,出错、失败在所难免。创新如同跑马拉松,非意志坚定者不能到达终点。创新的翘楚、创业的精英在其一举成名之前,其实也都是常人,只是因为他们比别人多了一股"亦余心之所善兮,虽九死其犹未悔"的豪情,多了一股韧劲、闯劲,才从平凡中脱颖而出。

4. 领导能力

表达能力,指具有良好的写作能力与口头表达能力,文笔流畅、思维条理清晰。

协作能力,指具有较强的沟通能力、协调能力及出色的团队合作能力。

领袖意识,指能够独立思考,敢于表达自己的观点,善于凝聚团队力量。

言之无文,行而不远。大多数领导者都是好的演讲家,是好的思想传播者。蔺相如乃战国时期著名的政治家、外交家,完璧归赵、渑池之会与负荆请罪的故事代代相传。智慧为底色、口才为手段,蔺相如一次次帮助赵王脱离危险,也书写了自己传奇的一生。阿里巴巴集团创始人马云也有以自己为原型的多本著作,包括《我的世界永不言败》、《我的人生哲学》等来阐述他的奋斗历程。领导者都是善于传达自己思想的,通过演讲或者著作等形式让大家了解他的思想、了解公司文化。

单丝不成线,独木不成林。一滴水怎样才能不干涸?答案是把它放到大海里去。个人能力再强大,也是一滴水,而一个优秀的团队,就是大海。蚂蚁群体的分工合作历来为人们所钦佩,雄蚁、工蚁、蚁后等都各自有其专属的任务。正是这样的团结协作,才让狮群和象群也仓皇逃窜。协作,就是有如此的魅力。

善于任用,做好领头羊。《史记》中记载,刘邦当皇帝后在都城洛阳摆酒宴,招待文武百官,感叹道:"夫运筹帷幄之中,决胜千里之外,吾不如子房。镇国家，抚百姓，给馈饷，不绝粮道，吾不如萧何。连百万之军，战必胜，攻必取，吾不如韩信。此三者，皆人杰也，吾能用之，此吾所以取天下也。项羽有一范增而不能用，此其所以为我擒也。"领导，是打造一个优秀团队的关键。培养领袖意识，就要目标长远、善于思考、身先士卒、善于协调。

5. 全球视野

认知能力，指对人类大历史、世界格局有全面的认知和了解。

包容能力，指愿意接受不同文化，对存在差异的人和事保持一种开放的态度，能够包容和尊重他人。

跨文化交际能力，指在全球范围内能够与他人进行有效沟通信息的能力。

不争先后，殊途同归。周光有老先生说，全球化时代的世界观要改变，过去我们从国家看世界，现在从世界看国家，所以，一切事物都要重新认识。对人类大历史具有一定的了解，要求我们具有人文的情怀与眼光，能够明晰在历史的长河中以及现时的世界格局中，中国与我们自身的定位，并且拥有正确的价值取向与道德修养。心系一家，即一家之视野；心系一国，即一国之视野；心系天下，即天下之视野。天下之视野，即全球视野。纵使国家发展程度有高低，区域经济建设有优劣，唯有从全球的角度看中国，才能抓住主要矛盾，塑好中国大国形象；唯有从全球的角度看世界，才能够把中国人民利益同世界各国人民利益结合起来，共同应对全球性挑战。

海纳百川，有容乃大。我国幅员辽阔，南北方之间因为气候环境等的不同存在着很大的差异，56个民族间也有着各自不同的文化气质。在一国之内我们尚且需要包容共进、相互理解各自不同的文化背景，何况同国际友人之间的交流呢？随着互联网和信息技术的飞速发展，全球化背景下的国际间的经济往来以及文化交流日益密切，也越来越引起社会的关注。2013年9月，习近平总书记提出"一带一路"倡议，在"一带一路"背景下，不同文化之间的交流互鉴更加频繁，我们需要培养的是拥有全球视野能担负世界责任的国际型人才。

多样沟通，一个世界。沟通，是让自己理解别人，也让自己被别人理解的过程。有效的沟通可以深入认识不同文明间的差异，促进不同文明之间的交流，从而构建全新的全球知识体系。鉴真东渡，带去了建筑、雕刻、医药以及文学等方面的硕果；玄奘西行，带回了多少文化财富。在地球村里，成功的沟通要求我们具有全球意识、熟悉并运用沟通技巧、多注重非语言沟通手段。我们要用"取其精华，去其糟粕"的眼光看待世界的文化，要能同不同文化背景的人进行交流合作，要与身边的人一起打造出全球化的中国智慧。

第三节 欲责其效 必尽其方——大学生能力体系的实施路径

有这样一个寓言故事：有人在赶路途中，遇到一堵墙。如果他迎着这堵墙径直走下去，将会头破血流。于是他开始想办法，要怎么办呢？有两种办法，一种是可以找一些工具甚至推土机直接凿开这面墙，然后走过去；另一种则是不管墙面，直接绕过去。这两种方法最大的不同在于时间花费的多少。这个人的目的是赶路，所以，他选择绕开那面墙。由此可见，合适的方法是高效完成最终目的的重要因素。

人生，最重要的是方向，然后是方法，再者是努力。既然前面已经明确了当代大学生的核心能力和能力内核，那就还需要明确当代大学生怎么做才能提升自己的能力。

比如：

先做什么？后做什么？

用什么方法？有哪些资源？

……

如果你也怀有同样的疑惑，那就让我们共同走进下面的篇章，一起探索提升之路。

一、有意识地行动，循回推进

（一）唤醒"能力"意识

谈及教育，大家常讲青年大学生既是教育的客体，也同时发挥着客体的主体性功能。而这种主体性功能的发挥，正来源于大学生自身的主体意识。

看到这里，你可能会问，什么是主体意识呢？主体意识是人作为认识活动和实践活动的主体，对自身主体地位、主体能力和主体价值的一种自觉意识。有学者这样给"大学生主体意识"下定义："一般地说，大学生主体意识，是指作为大学教育活动主体的大学生对自身主体地位角色、自我调控能力和自我存在价值的一种自觉意识，是学生主体自主性、能动性和创造性在其主观意识中的反映"[①]。

这样一种主体意识需要被激发、被唤醒。一个人变强，是从意识的觉醒开始的。只有觉醒了梦想，才能感受到需求，才能发现差距，才会有后来的方向和行动的力量。

新时代的大学生是实现"两个一百年"奋斗目标的全过程参与者，是中华民族伟大复兴中国梦的同行者。担负着这一重任的大学生，更应将个人理想与祖国发展融合在一起，在国家、集体和个人中寻找自己的定位，明确新时代对大学生的发展要求。

如果大学生已经能够明确这一社会需求，那么就意味着一种珍贵的觉醒。但路远且艰，我们更应认识"能力提升"的紧迫性和重要性。

近年来，通识教育在我国逐渐占据主导地位，大类培养日益引起人们的关注。与专业培养不同，大类培养更强调培养综合能力强的高素质创造性人才。然而，部分大学生仍停留在重视培养专业能力的阶段，缺乏对综合能力的认识。

当代大学生需要加强对能力发展的认识，深入培养自己的能力提升意识，激发自身提升自我能力的强大内在驱动力，最大限度地发挥主观能动

[①] 李彦军：《试论大学生主体意识的内涵及其培养意义》，《科学大众》2008 年第 5 期。

性。老师是大齿轮，学生是小齿轮，只有两个齿轮契合在一起，学校这架机器才能和谐运转。每一个学生都应该积极配合、主动参与大学生能力培养的各项工作。

这样一种"能力提升"意识的觉醒，为能力训练、能力提升提供了不竭的动力。只有将"能力意识"充分唤醒、并时时刻刻坚守这种意识，才能在遇到困难时用意志调整心态，才能为自我能力的提升夯牢基石。

（二）勤练"能力"本领

费希特曾说："只有你的行动，才决定你的价值"，如果大学生只是简单地意识到能力很重要，却没有付诸行动，那么，仅仅意识到能力的重要性对于大学生来说意义不大。自然属性的能力是每个人从母胎里带来的，而更丰富、更多维的能力则需要后天训练而得。

引用这句话是想说，在大学生充分唤醒自己的能力意识后，需要坚持培养自己的能力，而这种培养应当以表现为实际行动的实践训练为主。大学生在解读需求、细化目标、整合资源后，应结合个人特点、个体所长和未来规划，有针对性地取长补短，参与强有力、精且准的能力训练。就像一支好箭要配好弩，大学生也应当找到适合自己的方法，提升自我综合能力和核心能力，时刻为成长为担当民族复兴大任的时代新人做好准备。

当然，部分大学生可能已经意识到，和学习专业知识一样，仅有实践训练是不够的，还要勤奋加练。优秀的当代大学生对于"勤奋"的重要性想必都深有体会。没有一门课是通过考前通宵突击能拿高分的，每一个满绩点的背后都浸满了挑灯夜读的汗水。所以，每一种"能力"都绝不是听一次课、参加一次活动或读一本书可以练成的，都需要反复练习。

在古希腊，有一位叫德摩斯梯尼的演说家。大家一定很难想象，这位演说家小时候有点口吃，登台演讲时，总是吐字不清，发音不准，常常被雄辩的对手压倒。这样一个人可以说是完全没有做演说家的天分。但是他不气馁，为了克服口吃的弱点，他每天口含石子面对大海朗诵，不管春夏秋冬，坚持五十年如一日，连爬山、跑步的时候也坚持演说，终于成为全希腊最有名气的演说家之一。

在我国,也有古语说得好:"熟能生巧,勤能补拙。"正所谓世上无难事,只怕有心人,对于能力的培养来说,只有勤于练习,真刀真枪地训练,才能取得成功。

这是对当代大学生的要求,也是对每一个有志之人的要求!

(三)认知"能力"水平

大家可能都听过这样的表述——"我的短板",这种说法的原型来自"木桶原理"。这个理论是由美国管理学家彼得提出的。它的大意是:盛水的木桶是由许多块木板箍成的,盛水量也是由这些木板共同决定的。若其中一块木板很短,则盛水量就被短板所限制;若要使木桶盛水量增加,就要换掉短板或将短板加长才可以。因此,我们想要成功,就要对自己的"木桶"了如指掌。

木桶不仅仅是厨房里装水的木桶,也是大学生自身的"能力木桶"。大学生需感知自己的"能力木桶",明确到底哪块板子是短的,哪里短缺补哪里。

更具体地来说,每一个接受能力训练的人,因为参与训练的态度、接受训练的强度以及本身基础的厚度不同,最终呈现出的素质水平也是高低不同的。

所以,当代大学生应该积极抓住运用能力的机会,参与多维能力的考核,适时锤炼展示能力提升的显性成果。一方面,这将有效帮助大学生客观感知自身能力素质水平,甄别自身的特长与短板,找准长处、适时发挥,瞄准短板、深度训练;另一方面,这将再度转化为大学生提高相关能力的内在动力,再度激发能力意识的觉醒。当旧的"短板"被替换掉,就会有旧的"长板"成为新的"短板",而正是在"短板"不断的替换之中,成长为更优秀的自己。

老子曾说:"知人者智,自知者明。"苏格拉底也说:"认识你自己。"对自身能力的重新认知,是能力培养教育内容的最后一个环节,也是能力培养教育内容再次开始的起点,只有更准确地了解自己的能力素质,才能更有效地参与能力培养的各个环节。

·唤醒你的能力意识

·勤练你的能力本领

·认知你的能力水平

把握住这三个节点，在这场"能力'意识觉醒'"的轮回运动中，大学生将会全面提升自身能力，遇见一个更优秀的自己。

二、有计划地行动，谋定后动

和过去相比，今天的大学以其丰富资源带给了学生多种选择。

还记得第一天走进大学校园的场景吗？大学生根据自己的兴趣和专业，进入不同的教室，选择不同的课程和课外活动。就像人们在闲暇的时候走进商场，根据自己的喜好和需要，去到不同的柜台，购买不同的商品。

如果说，大学是个"商场"，"柜台"就是学校的各个组织部门，"柜员"就是各组织部门的老师，"商品"则是知识和技能。面对着琳琅满目的"商品"，大学生该如何选择"商品"，又如何做到以最快的速度找到"商品"呢？

在"血拼"之前，先来一起设计一份"购物攻略"。

（一）列好个人专属"能力"购物清单

在生活中，大家也许常常会遇到这样的情景：和朋友一起去逛街，本来想着要买一双鞋子，却被打折的包包、首饰、化妆品等迷住了。往往大包小包地拎回家之后，才发现除了计划中的鞋子，什么都买齐了。

消耗了时间，浪费了金钱，还没能买到自己最需要的商品，正在成为许多大学生的"购物常态"。而要避免这样的情况发生，有一个很简单的方法——提前制定一份购物清单。"清单在手，理智我有。"购物的时候手持一份清单，可以时刻提醒大家目标商品是什么，还有几样商品未购买。同样，在选购自己的"能力商品"时，大学生也要列好个人专属"能力购物清单"。

前面已经详细阐述了当今大学生最核心的五大能力：学习能力、实践能力、创新能力、领导能力和全球意识。大学生的"能力购物清单"就是和这五大能力密切相关的。

这五大能力充分体现了新时代社会发展对大学生的需求，以及大学生一般意义上的成长成才需求。然而，大学生们必须要清楚：每个人都有自己的喜好、自己的目标、自己的"购物车"（所在学校的特点、优势）、自己的"收藏夹"（所在学校的历史底蕴和发展方向）。泛化的清单是不够的，大学生最需要"独家定制"自己的专属购物清单。

当然，这个购物清单是在不断调整中的。世界处于不断运动变化的过程中，学生能力培养的内涵也总是处于变动中。影响能力培养内涵的各个要素，例如，学生实际需求、祖国发展需要、可用实现路径等均处于变化当中。就像新时代以来，社会对人才的需求发生了巨大变化。因此，大学生还必须跟上时代的变化，不断调整能力培养的内涵，调整"能力商品"的购物清单。

（二）制定分期分批"能力"采购计划

俗话说得好："做事要分轻重缓急，抓重点，事半功倍。"马克思主义也指出，在复杂事物发展过程中，处于支配地位，对事物发展起决定作用的矛盾，叫主要矛盾；其他处于从属地位、对事物发展不起决定作用的矛盾，叫次要矛盾。

依据大学生成长成才规律和教育规律，高校一般将大学生培养分成四个年级（部分专业因为其特殊性，学制会有所延长），通过结合每个年级学生的阶段性特点等，制定培养目标、设计培养方案，推动大学生人才培养走向深入。

前面我们已经详细阐述了新时代大学生能力培养的科学内涵。学生应在紧扣科学内涵的基础上，制定自己每个学习、成长阶段的目标，形成自己的"能力商品"采购计划。设定合理的阶段性目标，是开启完美能力的重要一步。

以本科四年为例。

大学一年级是"初萌时期"，以全面掌握基础理论为主线，结合学生自身特点，培养学习兴趣、创新意识和领袖意识，提升自己的自学能力、资源运用能力、表达能力和语言能力。

大学二年级是"发展时期"，以专业学习和活动体验为主线，关注相关资讯，提升执行能力、工程实践能力、逻辑思维能力、协作能力、包容能力等。

大学三年级是"深入时期"，强化辩证思维能力、终身学习能力、工匠精神、顽强的意志品质和全球意识。

大学四年级是"总结时期"，以社会需要为导向，通过实训、实操，充分、客观地认识自己，补短板、强弱项。

（三）主动找准锁定"能力"商品柜台

众所周知，作为高等教育的主体，高校承载了人才培养、科学研究和社会服务等多项职能，为充分实现各项职能，其下可能设有数十个学术组织或行政部门等单位。虽然下级单位数量众多，各单位在各司其职的同时仍然保持密切配合、相互协作的节奏，着力提升高校整体工作效能。

大学生如果能准确掌握每个部门"柜台"的主责和特色，就能更快、更好地查阅到相关信息，为自己的学习和成长提供强大的支持和保障。

通常来说，大学生的大部分时间都在与所在专业学院打交道。专业学院为学生提供与其学习、生活直接联系的信息，尤其是学校发布的与学生息息相关的最新资讯，通常专业学院都会在第一时间转发和通知。进校后，大学生应在第一时间关注所在学院的官方网络平台，了解学院相关部门和老师的联系方式，及时掌握与能力提升、专业学习或文体娱乐等相关的最新信息。

除了专业学院，为给学生提供更广阔的平台，高校的行政管理部门也都结合自身特点和主要职责，围绕学生、服务学生。

以上述五大能力为例。

学习能力——（教学主管部门）修炼面向未来不确定性的内功，提升自主学习和终身学习能力，除了日常课堂学习外，大学生还可以通过参与微专

图8　同济大学意大利校区暑期营

业、辅修等课程的学习提升自我学习能力。

实践能力——（第二课堂相关部门）实践能力提升平台，从校内到校外，从境内到境外，现代高校已经构建了相对完善的多元平台，例如，大学生社会实践、专业实习、企业训练营和政府挂职锻炼等。

创新能力——（相关主责学院）为培养学子适应社会需求和未来发展的创新能力，助力学生学会"从0到1"的创新，突破"从1到2"的创新，各大高校都非常重视组织学生参与各大创新创业竞赛，部分高校创立创新创业学院，开设专业的培养课程，提供全过程孵化指导。

领导能力——（学生工作主管部门）各级各类学生组织是培养、提高学生领导能力的重要平台，除此之外，学校通常设计一系列颇具针对性的训练，从一年级的新生骨干训练营、班级学生骨干培养学校、团校，到二年级的青马工程，再到高年级的学生支部书记训练营等，平台多样。

全球视野——（外事相关部门）全球化背景下，大学生对通过学校出国出境项目参与国际学习交流已司空见惯，大多数高校都拥有相对稳定的交流项目。此外，为进一步提升学生全球视野，部分高校开设海外校区、打造毕业生到国际组织实习任职信息服务平台等。

就像渔夫要关注海讯，农民要关注天气，大学生也应当关注上述相应部门的最新信息。此外，新时代大学生身处在一个资源共享的"网络时代"。随着互联网的普及，越来越多的资源通过互联网得到共享。比如，慕课、智慧教室、名家讲稿等，互联网学习资源日益成为当代大学生的重要选择。

三、有技巧地行动，事半功倍

（一）学习能力

谈到学习能力的培养，可能各位大学生都会感觉厌倦了。小学6年，初中3年，高中3年，来到大学前你们已经走过了12年在校学习的历程。学习可能是大学生除了衣食住行以外最熟悉的一件事情。但总还有一些问题和方法值得讨论。俗语说："活到老，学到老，还有三分没学到。"学习是贯穿我们所有人一生的事情。而只要你在学习，就会有新的问题出现。

正所谓"授人以鱼，不如授人以渔"，学校可以将知识传播给学生，老师可以手把手地教会学生。但学校的终极目标，还是希望学生能够掌握自主学习和终身学习的能力。即使各位日后离开学校，走上工作岗位，也能从周围的环境中不断汲取新的知识与能量。

那么，我们该如何"学会学习"呢？

首先，最基本的还是应提高自身学习意识、激发自身学习动机。大学生应该明确：学习是一个人总体实力的主要来源。学习是大学生通向知识、通向真理、通向未来的康庄大道。

其次，每位同学应制定自己的学习策略。自主学习绝不等同于随意学习，它仍然需要目的性和计划性。就像放肆地享用自助餐会引起肠胃不适，有节制地进食才能品味佳肴。当代大学生应当明确自己的学习目标，制定自己每个阶段的学习计划和具体任务，通过观察、读书，学会运用各种学习资源。

随着社会的发展，学习资源越来越多，专业课程、主题讲座、网络慕课等随处可见。这些资源是一把"双刃剑"，好好利用可以充实自己的能力，过度利用反而会浪费自己的时间。大学生应当审慎地运用这些资源，更好地支持自己坚持学习、学有所成。

2017 年，同济大学正式启动学业发展与指导中心建设。该中心构建了"学业困难预警"、"学业提升助力"、"能力拓展助跑"和"优良学风助推"四大学业指导品牌工程，致力于为同学们提供有针对性、个性化的学习支持服务，从而营造"学在同济"的优良学风。中心开展了"同舟—助飞"学业帮扶计划，加强校学业中心和各学院学业分中心的联动，夯实"校—院"学业帮扶两级体系建设。此外，中心还开设了一系列丰富多彩的学业品牌活动，如"菁英计划"、"朋辈导师咨询月""战'疫'云课堂"、"晨悦书香"等，为同学们提供了广阔的学习交流与发展平台。此外，清华大学也于早些年成立学生学习与发展指导中心，中心聘请校内教师和高年级学生为广大学生提

第三章 固壁擎天——大学生能力锻造之路

图9 同济大学佛罗伦萨校区暑期营

供有关学习的咨询服务，有针对性地解决大学生学习与发展问题，有效提升大学生的学习能力，提高大学生的学习质量。

（二）实践能力

如果说学习是知识的不断储备，那么，实践能力就是知识储备到一定阶段时的外化。现如今，市场竞争日益激烈，就业形势日益紧张，想要在就业竞争中脱颖而出，就需要具备过硬的实践能力。

高校一直以来将实践能力的培养摆在重要位置。以同济大学为例，近年来，"同济大学梦想教室"项目成为同济大学品牌实践项目之一。该项目依托同济大学"筑梦空间"学生社会实践工作室项目，组建学生实践队伍利用暑假时间在革命老区、西部地区、贫困偏远地区中小学，打造助力当地学生心理发展、素质教育、能力提升的梦想教室。项目中，所有教室均为同济大学学生自主设计、施工与落地完成，并设计配套课程和使用方法，紧紧依托同济大学学科优势，将建筑学、设计学、环境心理学等多学科知识融入到教室建造中，充分发挥同济大学的学科优势，努力为学生创造把理论运用于实践的机会。

类似于梦想教室项目，国内各大高校都在为大学生提供多种多样的实践能力锻炼平台。大学生当然要抓住机会，但想要抓住机会，首先要有想去实践的冲动。

因此，大学生提升实践能力，应首先明确实践的重要意义，怀揣强烈的实践梦想。如果你对它没有兴趣，就算它在你的眼皮底下，你也很难看见；如果你对它感兴趣，就算它在离你很远的角落，你也一定能找到。

大学生应当激发起自己探索实践、执行实训的内在冲动，带着满腔的热情将知识在实践中升华。其次，大学生应当运用好各类实践平台，例如，校外实习基地、暑期社会实践、校外实践项目等。应该根据自身需求，选择适合自己的实践项目。最后，大学生应培养吃苦耐劳的精神。实践不是一件容易的事情，需要动脑，也需要动手，大学生参与实践应讲究精益求精、追求卓越。

（三）创新能力

从 20 世纪 70 年代末改革开放提出创新创业教育以来，国家"十三五"规划提出："推动具备条件的普通本科高校向应用型转变；深化教育改革，增强学生的社会责任感、法治意识、创新精神、实践能力"，各高校日渐关注大学生创新能力的培养。

大学生中相当一部分可能已经参加过"互联网＋"大学生创新创业大赛、"挑战杯"中国大学生创业计划竞赛等。伴随着这些比赛在广大青年学生中的影响力和号召力显著提高，大学生创新意识明显增强，创新热情不断增高。但参赛的同学毕竟还是少数，仅仅依靠竞赛来拉动创新能力还是不够的。

此刻，大家心中可能也正有疑问呼之欲出：应该如何提升自我创新能力呢？

首先，应当明确学科知识是创新的基础。所以，应当努力拥有跨学科、多领域的知识积淀。只有积累到一定量的知识，才能用联系的、发展的、矛盾的观点理解、反思和改造现实。其次，应当有生动的创新思维。创新思维的养成不是一朝一夕的，需要日常的用心观察和思考，日日做、坚持做。长此以往，方能听到创新能力靠近的脚步声。最后，应当注重创新技能的训练。在高校，同学们经常会看到主题创新性活动、创新类科技竞赛，甚至有的学校还开设创新类必修课程，从第一课堂到第二课堂再到校外，锻炼创新技能的平台不断涌现。应积极抓住一切锻炼的机会，在老师、校友、学长的指导下，探索提升创新能力的新可能。

作为学校主体来讲，高校应积极地为大学生创造良好的创新环境。同济大学的创新创业教育走在全国前列。2016 年 10 月，同济大学成立创新创业学院，以贯穿全校、全方位的一流创新创业教育，助力创新驱动发展战略，践行以创新为引领的新发展理念。深化创新创业教育改革，激发学生、教师两大创新主体的主动性和积极性。此外，学院招收创新实验班，开设创新创业核心课程，组织相关创新能力与项目拓展活动，为学生提供了丰富的创新创业资源。同时，创新创业学院制定自己的创新创业教育培养方案、课程大纲和创业实践，为大学生如何运用好丰富的资源把好方向，布局摆阵。

（四）领导能力

哈希姆曾说，"人人都应该学最基本的领导思想与能力，使领导行为可以在各个方向发生，而不是只有自上而下"。拥有领导力，成为各行各业的领导者，是当代大学生的内在需求。

学校班级会评选班长和各类委员，学校社团和学生组织会评选负责人，成为领导者是大学生都会面对的问题。

那么，如何成为一位优秀的领导者？

首先应充分认识领导力的内涵，树立合理的领导力观念，评估自己的领导能力，理性看待领导力的培养。在此基础上，勇敢走上实践平台，尝试展示领导能力。比如，北京市政府与清华大学合作共同组建了大学生领导力培训中心、复旦大学成立了复旦大学领导力中心、北京师范大学通过开展国际交流研讨大学生领导力培训……许多高校都在努力为大学生创造培养、锻炼领导能力的机会。

2018年秋天，社会上流行着一种批评声音，即赞叹民国学生优秀写作功底、批评现代大学生写作能力差。为了回应这种声音，清华大学在2018级新生中开设"写作与沟通"必修课，该课程由中文系教授、著名作家刘勇和历史系教授、教务处处长彭刚共同担任该课程负责人。课程采取小班讨论的授课方式，每班15人左右。计划到2020年，该课程将覆盖所有本科生，并力争面向研究生提供课程和指导。

事实上，开设这门必修课不仅仅是为了提升学生的写作能力，清华大学相关负责人表示，他们希望通过开设该课程，同步训练与加强学生的写作、沟通能力，教会学生清晰流畅、准确得体、逻辑严密地表达自己的思想。目前，课程开设已近一年，学生好评如潮："在清华学堂那朴素、安静且具有历史感的教室里，老师与我们一道就文章的识见、逻辑、文笔、语法等方面进行了逐字逐句的打磨。这让我受益匪浅。"

(五)全球视野

了解世界、掌握世界、超越世界,拥有广阔的全球视野是当代大学生的必修课。这门必修课的完成情况,将在一定程度上决定大学生能否承担起人类命运共同体的担当。

提到拥有全球视野,有些人可能第一反应是语言能力。但语言只是一种工具,比它更重要的,是较高的国际认知能力,大学生应时刻保持对自己和周遭世界的客观合理认知。因为大学生只有真正了解世界各类文化的形成历史,才能正确对待文化差异,正确认识世界和中国发展大势,随后才有顺利开展文化交流和推进构建人类命运共同体的可能,如果连这个基础都没有的话,全球视野就是缥缈的"浮云"。可见,开拓全球视野,第一步就是了解世界。

首先,大学生可以通过参与国际交流项目,走出国门,亲身感知外国文化和现实发展;可以通过阅读外文原著,品味世界文化的丰富内涵;还可以通过参与校院英语角或模拟联合国等活动,与外国友人面对面交流,悦听全球文化。

其次,文化的差异必将带来文化的包容,大学生培养全球视野的第二个重要元素就是拥有较强的包容能力。"百川归海,有容乃大"。能够在大方向不改变的情况下,容纳全球各个民族的特点,这是一种能力。它需要同学们培养自身的共情、理解和沟通能力。大学生应在不断的交流与碰撞中及时总结经验,在充分认知相关文化的基础上,提高交流质量。

无论是提高国际认知还是培养包容能力,随着科技创新和全球化的日益发展,大学生欲开拓自身全球视野,途径和平台选择众多。

在上海,同济大学持续拓展意大利佛罗伦萨海外校区的功能,完成德国海外校区建设工作,使海外校区容量达到招生人数的10%。赋予海外校区"通识教育基地+创新实践教学基地"的双重定位,同时服务于低年级和高年级同学,通过海外校区项目的课程化管理,形成同济大学独特的有组织、成建制的海外通识教育及实践教学模式。同济大学还将继续拓展教育国际化的深度和广度，依托中德、中法、中意、中芬、中西、联合国等平台学院，不断拓展国际化的合作空间。此外，同济大学推进学分互换项目，将国际交流记入学分，通过课程学习、联合设计、海外实习、暑期营等多种形式融入到国际主流教育中去，让更多的学生有机会"走出去"，提升学生国际视野；通过举办若干个国际暑期学校，联合相关的世界知名大学在同济大学举办主题鲜明的暑期学校，扩大学校在国际上的影响力和知名度。

第四章

立柱架梁
——大学生身心强健之路

"欲文明其精神，先自野蛮其体魄。"早在1917年，毛泽东署名"二十八画生"在陈独秀创办的《新青年》上发表了《体育之研究》，这篇充满辩证思想的关于体育研究的文章就提到了文明精神与野蛮体魄的辩证关系。毛泽东产生这样的体育思想不是心血来潮，而是当时在探索救国救民的道路中看到了体育对国人身心的重要性。他认为，体育能够"强筋骨、增知识、调感情、强意志"，学校教育应当"体育占第一位置"。青年毛泽东说道，要振兴国家民族，首先要强健国人的体魄。"体育于吾人实占第一之位置，体强壮而后学问道德之进修勇而收效远。"①

党的十八大以来，以习近平同志为核心的党中央高度重视"体"育，以健康中国行动为"度量衡"，开辟了中国梦的又一维度，将体育事业纳入"两个一百年"奋斗目标的大格局中。健康中国行动将"体"育视作人们健康的"雨露"和"阳光"，规划在人民福祉与中华民族伟大复兴的蓝图中。

高校体育以青春健康与活力四射的盛情，承载了立德树人的使命。在"德智体美劳"的育人体系中，体育是撑起人生屋庑的支柱，身体和心理的健康，使大学生能够躬于行、安于心而立于世。大学生如果想有"敢上九天揽月，敢下五洋捉鳖"的勇气，其前提就是身心强健。

---

① 毛泽东：《体育之研究》，载《毛泽东早起文稿》，湖南人民出版社1990年版，第67页。

第一节　夯实基础　筑梦强国——大学生体育的内涵与意义

一、流水不腐，户枢不蠹，动也：体育的内涵

（一）"身心合一"的存在实体：体的内涵

衣食住行、站立坐卧、喜怒哀忧、意念神思，人的一切生命活动，都通过身体来完成。究竟要怎样去认知身体，进而理解体育呢？在西方哲学史对身体的部分认知中，从古希腊的柏拉图、近代的笛卡尔直至德国古典哲学大师黑格尔，分别把身体作为一种求知之途、意识之旅和绝对理念的障碍而被哲学所排斥。[①] 因为彼时西方的思想家强调"我思故我在"，人因为思维而伟大，而思想的精深和灵魂的升华，是作为肉体实在的身体无法突破和企及的。而随着人对于自我的认知愈加深刻，加之医学、生物学的发展，尼采、梅洛-庞蒂、福柯等人推动哲学从形而上向形而下、从意识向身体的转型。尼采甚至喊出"一切从身体出发"、"以身体为准绳"的口号，梅洛-庞蒂更指出："世界的问题，从身体开始"，这一切都赋予了身体哲学本体论的地位。[②] 身体在西方世界得到了重视并被唤醒，但这时西方哲学所强调的身体，又主要围绕着人的身体本身作为动力原发点，其所产生的行为、欲求、需要成为探讨身体观的内容，对于作为肉体的身体和可以进行思考的心灵，关于这二者重要性的认识在一定程度上是此消彼长的关系。

中国哲学则不同，东方身体观的突出特点是"身心合一"[③]，不论是道家所说的"夫形者，生之舍也；气者，生之充也；神者，生之制也"，（即人的

---

① 参见燕连福：《中国哲学身体观研究的三个向度》，《哲学动态》2007 年第 11 期。
② 参见燕连福：《中国哲学身体观研究的三个向度》，《哲学动态》2007 年第 11 期。
③ ［日］汤浅泰雄：《灵肉探微——神秘的东方身心观》，马超译，中国友谊出版社 1990 年版，第 8 页。

形体、能量、精神都统一于生命），还是中医讲的"心藏神，肺藏魄，肝藏魂，脾藏意，肾藏志"，（不同的精神思维因不同的身体器官而产生），抑或是儒家强调的"君子有三戒：少之时，血气未定，戒之在色；及其壮也，血气方刚，戒之在斗；及其老也，血气既衰，戒之在得"，（人因身体在不同阶段的变化，而要注意具体的所思所为）"身心互渗"的过程体现了中国哲学独特的身体观。

马克思主义认为，人作为物质的存在，其本身就是人的身体。"身体"囊括了人的全部感觉和本质力量，是有感的、有力的、能动的、能思的，是灵肉协调的。[①]马克思的灵肉协调与中国哲学的身心合一是有一定的相通之处的。

因此，对于体的内涵的把握，要从身心两个层面来认知。一方面，"体"作为肉体实在的物质体现，也就是，每一个能够行动、思考的人，都是通过其身体而感知世界存在、进行理性思考和参与社会实践的，当人作为肉体的实在灭失时，人的本身自然也就不存在了。另一方面，人的心理素质和精神意志通过"体"来反映，从喜怒哀乐忧悲恐惊的情绪体验，到每个人形成的不同的个人气质，都通过人的身体存在而体现，同时人的身体状况也在不同程度上影响着人的情绪气质变化。

（二）体育不仅是运动——高校学生体育内涵

现代体育运动发源于两千多年前的古希腊。古希腊作为一个神话王国，有着优美动人的神话故事和曲折离奇的民间传说，这也为体育的起源蒙上一层神秘的色彩。传说古代奥林匹克运动会是为祭祀宙斯而定期举行的体育竞技活动；另一种传说认为体育与宙斯的儿子赫拉克勒斯有关。古代奥林匹克运动传承至今，为现代体育和奥运会奠定了厚重的人文历史基础。中国古代典籍中也有对体育运动的记载。"少年骑马入咸阳，鹘似身轻蝶似狂。蹴鞠场边万人看，秋千旗下一春忙。"宋代诗人陆游在他的《晚春感事》（之四）一诗中，描写了他年少时在咸阳观看足球（蹴鞠）比赛的情景。诗人在

---

① 参见张璟：《身体本体论：对马克思哲学的另一种解读》，《学术论坛》2019年第1期。

不经意间，以文化的镜头跨越时空"直播"了当今世界上第一大体育运动的盛况。

随着社会发展，体育也在"体育运动"的概念之上逐步发展，形成了具有狭义和广义之分的体育概念。狭义的体育（亦称体育教育）是发展体力、增强体质、传授锻炼身体的知识、技能，培养道德和意志品质的教育过程，是对人体进行培育和塑造的过程，是教育的重要组成部分，是培养全面发展的人的一个重要方面。广义的体育是指以身体练习为基本手段，以增强人的体质，促进人的全面发展，丰富社会文化生活和促进精神文明为目的的一种有意识、有组织的社会活动。

而"德智体美劳"语境下的"体育"，又有更广阔、更深邃的内涵，既包括身体的锻炼，又包括对健康心灵的造就。"流水不腐，户枢不蠹，动也"，体育不仅是身体之运动、亦是心理之灵动，以体育实现身心之动、与时俱进、不断发展，使每一个人的身心因"动"而如源头活水，滋养着个体生命中的理想和荣光。因此，高校体育是一种强化大学生身心机能的活动，是有计划有组织地教授大学生身体锻炼、运动知识技能，同时对大学生开展认知自我、调解情绪、增强意志的教育，最终使大学生提高运动能力、增强身体素质，并维持良好情绪、良好心理状态，形成良好自我认知。

二、朋克养生遇上成长烦恼：大学生身心现状

（一）大学生的身体素质达标了吗？

近年来，在新生入学体检中发现学生的身体素质普遍整体仍呈下降趋势[1]，趋势除了较大比例的近视和为数不少的肥胖等，还出现了诸如肝胆功能异常、高血压、高血脂、高血糖等代谢性疾病以及内分泌疾病的学生个体。大学生的跑步速度、耐力、爆发力、力量、柔韧性等身体素质水平也在

---

[1] 参见晋浩天、王榕：《拿什么教会大学生健康地生活》，《光明日报》2017年第8期。

不同程度上均有所下降。①

某高校 2017—2018 学年《国家学生体质健康标准》测试数据反映，在参加包括身高、体重、肺活量、坐位体前屈、仰卧起坐（女）、引体向上（男）、50 米跑、立定跳远、耐力跑（男生 1000 米跑、女生 800 米跑）9 个项目《标准》测试的 12343 名学生中，学生整体达标率为 93.47%，但良好和优秀的比例还不足 16%，6.53% 未达到合格标准。（具体数据见表 4、图 10）

表 4 《标准》测试达标率情况

性别	不及格	及格	良好	优秀	达标率
男	6.76%	76.36%	15.40%	1.48%	93.24%
女	5.72%	80.63%	13.23%	0.43%	94.28%
平均水平	6.53%	77.29%	14.93%	1.25%	93.47%

"宅"在宿舍里，"丧"在手机上，没有课可以半个月待在宿舍里不出门，不知不觉躺在床上刷了抖音 3 个小时，手机里社交，吃饭叫外卖，生活的一切都可以在宿舍里解决，想必这是部分大学生在微时代的主流生活方式。可如此却造成了大学生体育锻炼少、健康生活方式缺乏的情况。部分学生不仅运动量少而且体育锻炼意识薄弱，虽然大学生具有较强的欣赏高水平竞技体育的欲望，但没有直接参与体育锻炼的具体行动。据某高校调查统计，业余锻炼时间按每次 30 分钟计算，约有 24% 的男生每周锻炼 2 次，还有 18% 的男生根本就没参加体育锻炼。女生锻炼次数则更少，有 31% 的女生认为体育活动没有必要，每周活动 2 次以上的仅占 10.5%。

大学生中诸如啤酒里加枸杞、可乐里加党参、用最贵的眼霜熬最长的夜等不健康饮食习惯、不规律作息时间和不良生活习惯屡见不鲜。某高校一项调查数据显示：39% 的学生不吃或偶尔吃早餐，19% 的学生不按时用餐，22% 的学生经常吃零食，5.8% 的学生规律性或长时间节食，6% 的学生经常

---

① 参见邓盟、杨烨：《大学生健康体质水平下降的教育因素分析及对策研究》，《当代体育科技》2016 年第 6 期。

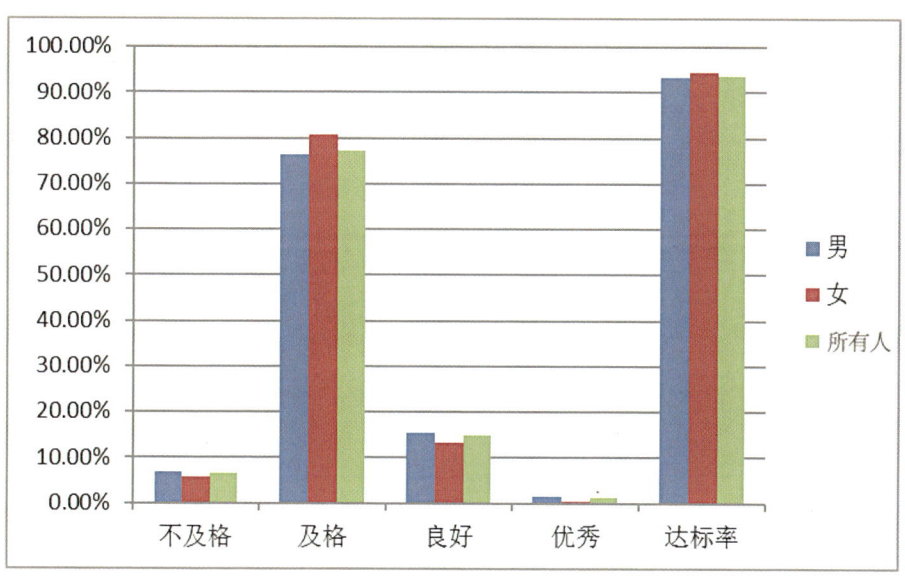

图 10 《标准》测试达标率情况

或时不时喝酒，1%的学生每天抽烟，32%的学生午夜之后睡觉。这些情况都严重影响了大学生的身体健康，最突出的表现就是有些90后戏称已经加入到"脱发大军"中。

（二）不一样的大学生，不一样的成长烦恼

生活在象牙塔中的大学生，在常人眼里似乎过着无忧无虑的生活。但近年来频发的大学生心理健康问题，给这种美好的象牙塔生活蒙上了一丝阴影。调研表明，部分大学生的心理处于亚健康的状态，严重者甚至面临焦虑和抑郁等情况。大学生到底面临哪些心理问题呢？根据上海某高校2018年的大学生心理咨询情况统计，预约心理咨询的学生面临的心理问题类型依次为：情绪问题（25.12%）、学业问题（22.69%）、情感问题（17.62%）、人际问题（13.73%）、神经症（11.49%）、家庭问题（10.32%）、职业规划/人生发展问题（10.22%）以及适应问题（8.28%）等。

战胜焦虑、抑郁等情绪是部分大学生需要面对的功课。大学生作为同辈人中的佼佼者，步入大学殿堂后，几乎每个人都会对自己的大学生活、对未来充满了憧憬，但是他们往往会遭遇不适应等现实问题。如部分大学生抱着"志在必得"的决心，进入大学后什么都去尝试，什么都要争取，这固然是积极的表现，但一段时间下来，当没有取得满意的成绩时，便会变得焦虑烦躁，更有甚者回避放弃、自怨自艾。还有大学生虽然身处优秀的群体中，但激发不出积极参与良性竞争的源动力，而是陷入自卑情绪，对自我能力产生怀疑，进而消极苦闷、悲观失望。

因学业问题导致的心理问题也比较常见。身处自由宽松的大学环境中，面对各种"诱人"的机会，抉择变得尤其艰难，大学生们总希望自身的抉择是最正确的，最能够有成果的，结果压力一直如影随形，导致有些人变得惧怕失败，郁郁寡欢。曾经有一位大学生，在一年中参加了若干个竞赛或项目，当相继与一个个奖项擦肩而过后，情绪跌落到了谷底，找不到丝毫的斗志。还有的大学生入学后"两耳不闻窗外事，一心只读圣贤书"，专注于学业，一心期待拿个"满绩"来向他人证明自己的实力，可当他们发现自己排名没有进入前30%时，便内心崩溃，久久不能平复。也有大学生从"苦行僧"一样的中学进入大学后，过度享受自由，疏于自我约束，不设定大学阶段的发展目标，不及时调整学习方法，导致学业"亮红灯"，进而产生心理负担，变得自卑，情绪低落，丧失学习积极性。

恋爱情感几乎成了大学里的必修课。校园里的爱情是青春的小美好，健康的恋爱关系能滋养青年人的身心。然而在勇敢去追求爱的时候，部分大学生面临很多爱的困惑，更有甚者被爱所伤，难以疗愈。有的缺乏追求爱的能力，陷入无尽的"单相思"，要么不敢表白，要么不善表白；有的在恋爱关系中过度依赖对方，迷失自我；有的经受了分手失恋，长久走不出阴霾的情绪。当陷入爱的挫败中无法自拔时，部分大学生会变得一蹶不振，放弃原有的理想与追求，甚至感觉失去了生活的意义。

人际关系适应不良或交往不良也会诱发大学生的心理问题。比如，寝室同学之间或者由于生活习惯或作息时间不一致，或者由于性格迥异，不能有效沟通和协商，彼此产生隔阂，看似不起眼的矛盾日积月累，从而引发严重的人际冲突，在这样的人际压力下如何能安心学习与生活？部分大学生苦于在人际关系中得不到情感上的支持，害怕面对孤独，压抑自己的需求去迎合别人的需要，以讨好的姿态求得人际之间的连接，不平等的交往怎能让内心得到平衡？再如，不和谐的亲子关系让大学生感到被束缚住了臂膀，或者不满于家人的过度控制，或者不满于家人对自己关爱缺乏，都让大学生倍感痛苦。

三、越磨砺，汝身之光芒愈盛：体育造就更完美的你

青年兴则国家兴，青年强则国家强。增强体质、强健体魄、调节身心，既是"为祖国健康工作五十年"的根本保证，也是个人成长成才的前提。习近平总书记在全国教育大会上强调，坚持中国特色社会主义教育发展道路，培养德智体美劳全面发展的社会主义建设者和接班人，要树立健康第一的教育理念，让大学生接受体育锻炼和心理健康教育，增强体质、健全人格、锤

炼意志、和谐身心。

（一）享受乐趣不再"丧"

在高校中常常可以看到一群群大学生在篮球场上、足球场上尽情地驰骋，享受着体育运动带来的乐趣，在这一过程中，学生内心会产生一种轻松愉快的感受，这种情感体验非常有利于文化知识的学习、健康心理的培养和发展。大学生由于持续性紧张学习，极易造成身心疲劳和精神疲惫；时下相当数量的大学生很乐意"宅"在屏幕里，才下电脑，又刷手机，这也会造成精神之"丧"。而如果参与到体育活动特别是体育竞赛中，则越经受磨砺，状态就越兴奋；过程越艰难，眼神越有光，充分地感受到体育给你带来的魅力！神经心理实验研究表明，当人体进入运动状态时，大脑主管情感的右半球立即兴奋起来，参加者进入一种愉悦氛围中，体会到成功的快感和精神的振奋。常言道，滚动的石头才不会生青苔，只有热爱运动的青年才不会"宅"和"丧"。生命绽放于运动，青年人更应放下手机，走出宿舍，走向操场，一起来发现体育之美，体验运动乐趣！

（二）增强体质"燃"起来

生命在于运动，"增强体质、增进健康"是体育最主要的功能。古希腊奥林匹克山上曾刻着这样一句格言：如果你想变得睿智，跑步吧；如果你想要健康，跑步吧；如果你想更加健美，跑步吧！无数的案例证明，在体育锻炼过程中，人体各器官系统不同程度上受到刺激，由此使身体在形态结构、生理机能等方面发生一系列适应性反应，这种"适应性反应"会对机体产生积极的影响，促进大学生增强体质和健康发展。

上海某高校建筑专业的小何，经常活跃在各个运动场馆，他的篮球水平已经可以和专业选手媲美。小何说，上大学之前，基本不怎么锻炼身体，只有在体育考试时才偶尔锻炼身体，体质也比较差。进入大学后，校园内浓厚的运动氛围、类型多样的体育场馆、丰富多彩的体育活动深深地吸引了他，便暗下决心每天都要运动。没想到的是自己真的做到了，"每天最开心的时

第四章 立柱架梁——大学生身心强健之路

图 11 同济大学运动会

候,就是画了一天图纸后,与朋友一起到篮球场打一场欢畅淋漓的比赛!"坚持运动,小何亲眼见证了自己从运动"小白"变成篮球达人的过程,也收获了强健的体魄。可见,有规律的体育运动能够增强体格与体魄,改变人的基本运动能力,增强身体的灵活度、柔韧性以及协调性。总之,大学生规律性地参与体育锻炼,能增强身体素质,让自己"燃起来"!

(三)健全人格焕发魅力

著名体育学家马约翰先生在《体育的迁移价值》一文中指出:"体育是培养健全人格的最好工具。"可以"批评错误,鼓励高尚,陶冶情操,鼓励品质";可以"培养学生勇敢的精神、坚强的意志、自信心、进取心和博取胜利的决心";他还认为"运动场上表现出来的道德品质"能够迁移到平时的生活中,发挥更大的效应。[1]"教育里没有了体育,教育就不完全。"[2] 体育不仅能够强身健体,而且处处体现着塑造进取精神和健全人格的德育功能。

体育以其独特的魅力感染着无数人。体育能够教人敢于拼搏,奋勇争先,也教人公平竞争,遵守秩序;体育教人突出自我,张扬个性,也教人团结协作,克制忍耐;体育教人发现自我,享受胜利,也教人直面现实,接受失败。罗比·福勒是英格兰一名知名的足球运动员,从1993年到2001年效力于利物浦足球俱乐部,在330场比赛中打进171粒球,利物浦球迷亲切地称他为"上帝"。在一次比赛中,他完全有把握把球踢进对方球门,然而就在他抬脚欲射时,守门员猛扑到他身前堵球,为了避免对手受伤,福勒收脚摔倒,放弃了射门,他的这一举动在无形中散发出一种无形的人格魅力。

大学生参与体育活动的过程中,可以相互交流、合作,使师生之间、同学之间、个人与集体之间形成良好的社会环境,使人与人之间的交流更加容易和直接,也能够逐步促进大学生在个人和集体的融洽关系中形成良好的交往能力,树立正确的集体观念,增强集体观和社会适应能力,从而培养健全

---

[1] 参见马约翰:《体育的迁移价值》,《职业》2001年第5期。
[2] 王建萍等:《没有了体育,教育就不完全》,《人民教育》2015年第14期。

的人格和高尚的道德品质。

（四）锤炼意志迎接挑战

孟子曰："天将降大任于斯人也，必先苦其心志，劳其筋骨，饿其体肤，空乏其身，行拂乱其所为，所以动心忍性，增益其所不能。"体育锻炼中的"艰难感"，让大学生能够获得意志锻炼的直接经验。虽然身高、体重、体形、肌肉类型、协调性、灵敏度等条件的不足对掌握某种技术动作，或从事某项运动会造成一定程度上的困难，但主动勇敢地战胜这些困难的过程则是磨练大学生意志品质的必经之路，这二者并不矛盾。在长跑运动中，克服"极点"带来的人体生理上、心理上的各种不适，战胜自我，坚持到底，能够培养大学生吃苦耐劳、坚韧不拔的意志品质。毛泽东青年时期就用冷水浴的方法进行体育锻炼，在 73 岁高龄时仍然畅游长江，这听起来都觉得不是一般人可以做到的，但这恰恰是伟人锻炼意志的"捷径"。

"我们不追求为个人留下什么，我们追求为国家、为民族、为这个时代留下彰显自豪的载体。作为个体，我们将很快消失于这个世界，但凝聚着全体建设者智慧和心血，融入了全体建设者精神和灵魂的港珠澳大桥，未来 120 年甚至更长的时间将屹立于珠江口伶仃洋之上，见证粤港澳三地的融合与发展，见证中国的复兴与强盛。"[1]港珠澳大桥管理局局长朱永灵的一段深情自白，不仅说出了自己这 14 年来坚持的意义，更道出了无数港珠澳大桥建设者的心声。难为可贵的是，面对港珠澳大桥这样巨大的工程，朱永灵为了能够使自己的身体、意志可以毫无问题地坚持到港珠澳大桥的完工，他坚持每天锻炼身体。他每晚下班后都喜欢步行锻炼身体，从楼梯一层层走下去，顺便看看每间办公室是否关好门窗。朱永灵在港珠澳大桥的建设中，用锻炼身体来增强自己的奋斗精神和意志品质，是值得我们所有人学习的。

---

[1] 港珠澳大桥管理局：《走进港珠澳大桥（奉献篇） 奉献者锻造的不朽丰碑》，《中国工人》2017 年第 7 期。

持续的体育运动能磨炼大学生意志品质。因为无论是体育锻炼还是体育比赛，都要经历一个持续和坚持的过程，在此过程中不断面对困难，经历挫折，承受失败，大学生可以在这个过程中不断提高坚韧性，从失败中积累经验，不断进步，最终取得成功。在这个过程中，成为身体健康、意志品质过硬的合格人才。

（五）健康心理成就美好未来

现代健康是以身体健康与心理健康共同度量的。高校体育，同样要给予大学生心灵的关怀。也就是说，高校体育不仅"养身"，还要"养心"。进入新世纪，尤其是近几年以来，我们经济飞速发展、新媒体广泛普及、社会竞争更加激烈、生活节奏不断加快，价值观念多元化存在。当代大学生的身心也随着时代的洪流历经着巨大的冲击和震荡，前所未有的压力不断考验着青年大学生，在个体衣食住行、学习生活、待人接物和社会交往等方面挑战大学生的身心强度。大学生在日常学习、生活中，挑战与机遇并存，希望与失望更迭，快乐与痛苦同在，生活在这样的大环境里，就要求大学生必须具备较高的心理素质来适应时代与社会的变化。在这种背景下，心理素质的竞争比任何时候都更重要。只有具备健康的心理，才能拥有更美好的未来，最终成就"完美的你"。

（六）体育强则中国强：体育为中国梦筑基

2016年8月19日，在全国卫生与健康大会上，习近平总书记提出的"没有全民健康，就没有全面小康"[①] 理念，把人民健康放在了优先发展的战略地位。2017年8月27日，习近平总书记在会见全国体育先进单位和先进个人代表时，把"体育"与强国梦联系起来，提出"体育强则中国强，国运兴则体育兴"[②]。2018年9月10日，习近平总书记在全国教育大

---

① 《习近平谈治国理政》第二卷，外文出版社2017年版，第370页。
② 李中文：《开创我国体育事业发展新局面 加快把我国建设成为体育强国》，《人民日报》2017年8月28日。

会上强调，要树立健康第一的教育理念，用"行话"树起了当代高校体育的"风向标"。健康第一，与接受良好的体育教育是分不开的，不仅要磨炼体力、耐力、爆发力等体质指标，也要培育热爱生活、阳光向上的心理状态。

高度重视学校体育教育，其背后隐喻着最朴素的思想：体育不仅是强"身"之路，强"青年"之路，也是强国之路。过去，有人送给中国人"东亚病夫"的称号。而今，中国扎实提高国民的健康水平，将"东亚病夫"这个屈辱的称号彻底丢进了太平洋。在"健康中国"建设的过程中，必须持之以恒地让最广大的大学生接受体育培养，这是我国成为强国的必然选择，大学生也在此过程中受益无穷。中华儿女身心的强健，也会进一步展示中华民族自强不息、奋发有为的精神风貌，展示新世纪中华儿女积极进取、蓬勃向上的朝气和活力。

第二节　两翼齐飞　青春同行——大学生体育培养体系的构建

一、筑牢奋斗底盘：体育培养目标

青春的底色是奋斗，而奋斗的底色无疑是强健的体魄。新时代大学生体育培养目标着眼于身体、心理双轮驱动，增强身体机能锻炼和心理健康发展，筑牢健康这一"奋斗底盘"，以强健体魄铸就祖国坚实脊梁。

（一）健康两翼：身体和心理

最后期限（Deadline）不是全部，身体才最重要！作为大学生，离开家庭，进入大学，开始全新的生活，充满了对未来的期待，可没了父母一日三餐的照料，穿梭于教室、食堂、图书馆、实验室之间，独立面对身边的一切，一个又一个学业任务的完成后，我要健身、我要锻炼、我要自律的决心却又在手机屏幕上悄悄划走。这就是曾经贴在部分大学生身上"低头族""夜猫子""宅男宅女"等标签的原因，如何彻底甩掉上述标签，最直接的方式就是加强体育锻炼。

体育培养的直接目的是为了实现大学生身心健康。健康是人生的第一财富，要实现人的全面发展，健康是前提。什么是健康？对健康最为常见和广泛的认识是1946年世界卫生组织（WHO）成立时，在它的宪章中所提到的健康概念：健康乃是一种在身体上、心理上和社会上的完满状态，而不仅仅是没有疾病和虚弱的状态。而随着时间的推移，健康的定义也在与时俱进，在世界卫生组织的最新公布中，健康有了新的定义：健康不仅仅是躯体没有疾病，而且还要具备心理健康、社会适应良好和道德健康。其中，躯体健康一般指人体生理的健康，心理健康指具备健康的心理、完整的人格，具有较好的自我认知，在自己所处的环境中，有充分的安全感，且能保持正常的人际关系等。

（二）健康心理可不是佛系心态

一切都是浮云，有的大学生抱有如此想法，欲以此让自己放宽心态，变成佛系青年，可"佛"并不代表心理健康。佛系的安宁往往是消极避世的，而健康心理却是充满了积极和乐观的态度，心灵有着丰富的情感体验，并良好管理情绪，如此大学生才能有着年轻人的蓬勃朝气，才能树立健康第一的思想，凭借健康的心理状态和生活方式，来面对生活和学习过程中可能遭遇的艰难险阻。

拿出勇气给自己看看，意志健全才能心理健康。近来"逆商"的概念在大学生中火了起来，而"逆商"的产生是人们在以成功为导向的人生目标的框架内，为了衡量人们在逆境中抵抗压力、摆脱困难、走向成功而形成的一个评价标准。时下大学生们急于求得成功，自然就十分关注自己"逆商"的高低。而"逆商"最核心的内涵即意志健全，意志健全不仅仅是成功学框架内评价人的指标，更关乎大学生能否成长成才，敢于面对挫折、有理想有行动，实现人生价值和社会价值的统一。

别和自己过不去，健康的心理能够清楚地认知自己，并实现自我悦纳。实践是改造自己和改造世界的统一，改造自己首先要认知自己，客观评价自我，包容自己的缺点，才能更好地发挥自己的优点。大学生通过体育锻炼来强健体魄，健全人格，自信乐观。既不妄自尊大，也不妄自菲薄。

人的本质是一切社会关系的总和，人际和谐有利于心理健康。人处在复杂的关系网络中，具备健康的心理非常重要。大学生在人际关系中既能够三五知己坐、淡茶话衷肠、排解愁绪，又善于处理复杂情况，运用健康的幽默法排解各种尴尬局面，不失为一种好的方法。

成长意味着更好地适应社会，健康心理实现良性社会适应。世事变迁，总是不以人的意志为转移的，在大学会面临不同的情况，包括学业、就业、感情等方面，都考验着大学生的适应能力，虽然在这期间犹如"正入万山圈子里，一山放过一山拦"，但只要能够在体育培养中积极适应社会，便会"沉舟侧畔千帆过，病树前头万木春"。

（三）生命、身心、生活，一个都不能少

综合而言，从大学生自我发展角度，体育在宏观层面是尊我爱他生命观的整体构建，在中观层面是身心的同步发展，在微观层面是规律生活习惯的系统养成。

君子不立危墙之下，两千多年前的儒家就秉持这样的生命观。大学生体育培养，首先要树立尊重生命、敬畏生命的生命观。生命只有一次，不能重来，儒家讲的君子不立危墙之下，千金之子、坐不垂堂，都是指面对显而易见的危险，要避免涉险，尊重生命。而有的大学生却对自己的生命草草对待，稍遇挫折即把自己置于危险之地，更有甚者，枉顾他人的生命，自己也因此坠入深渊，而父母亲友则终身抱憾。因此，大学生要尊重自己的生命、敬畏他人的生命，这贯穿体育培养的全过程。

压力越大，身心越要扛得住。进入21世纪以后，科技迅猛发展，现代生活、工作节奏急剧加快，当代大学生的身心也随着时代的洪流历经着巨大

的冲击和震荡，前所未有的压力不断考验着青年，在个体衣食住行、学习生活、待人接物和社会交往等方面挑战大学生的身心强度。越是在这个时候，身心健康的基础作用就愈发凸显。对于幸福快乐，可以尽情去享受它，而面对挫折苦难，也不要畏惧，因为它同时也让我们成长，只有丢掉过去的脆弱敏感，才能变得更加坚强勇敢。人这一生，总要经历风风雨雨，一次次摔倒又一次次站起来，扛过一切悲伤，方能到达巅峰。这时候，压力越大，你的身心越要扛得住，扛过去了风雨就是彩虹。

生活和体育培养是相互交融、密不可分的。良好生活首先需要大学生通过体育培养一种规律的生活习惯，部分大学生仗着自己年纪轻、底子好的身体素质，随意透支身体，常常熬夜，过着无规律、不节制的生活，有的往往等到病魔找上门来，才想到要健康生活，但为时已晚。所以，体育培养要积极传播增强体质、规律生活的文化，使大学生在生命的黄金时期就能够有一个健康的生活习惯，拥有一个健康体质。另外，带着"生活"的理念参与运动，是享受生命的开始。现在有部分大学生是为了运动而运动，盲目跟风、锻炼炫酷、减脂增肌等。在大汗淋漓的时候，没有丝毫地愉悦，而是紧张地计算着今天运动的时间是否达标，还有几组锻炼没有完成，体脂率是否有变化等，完全忽视了运动本身的快乐，这和体育培养框架中的规律生活、快乐生活是背道而驰的。

（四）身心俱佳，为祖国、为自己健康奋斗一辈子

作为青春期的末端和具备完备的成年人体质的初期，大学生在高校所受到的体育教育，是为了打好身心健康的基础，做到终身体育。终身体育是指人们终身进行体育锻炼和体育教育，促进其参加各个时期体育活动的实践，以实现"自身与整个社会更加融合，使得自身发展能够适应当今生产力的快速变化"[1]。

---

[1] 孟晓东：《我国大学体育在终身体育思想视角下的教学改革》，《当代体育科技》2016年第6期。

大学生的体育培养是"终身体育"的奠基期和快速发展期，不能错过这一关键时期，要在师生中同步树立"终身体育"的发展理念。

体育可不是副科。大学生体育培养的目的在于推进"终身体育"，提高体育地位。体育在高校的培育体系中总是处于一个"尴尬"的位置。从中小学时起，体育课作为副科是一个容易被忽视的科目，而到了大学，狭义的体育与专业课比较，缺少了毕业和就业对大学生的挂钩约束，更加容易被轻视。同时参与体育课程教育的教师也往往会投入更多的精力培育专业特长的体育类学生，造成公共体育课程的弱化、边缘化。因此，要在师生中树立"终身体育"发展理念，认识到体育对于人一生成长的重要性，提高体育教育的地位，实现体育教育的长效性。

甩掉亚健康。如今的大学生，不少处于亚健康状态，熬夜、暴饮暴食、缺乏锻炼、盲目减脂、用眼过度、长时间佩戴耳机等诸多不良的生活习惯侵蚀着大学生的健康，导致其走上工作岗位、承担社会责任时，因缺乏健康的体魄，不仅与成功失之交臂，甚至在工作的压力下，身体每况愈下。大学生体育培养要使其形成终身体育习惯，具备良好的健康观和身体观，增强体育兴趣，走出亚健康状态。

为祖国健康工作五十年。清华大学老校长蒋南翔所说的"为祖国健康工作五十年"可以说是对"终身体育"发展理念的最好诠释。作为时代的骄子、未来的栋梁，大学生投身社会实践后，能够在工作、学习、生活、思考四者中间实现平衡，做到为祖国健康工作五十年即完美地践行了"终身体育"理念，实现个人良好身体素质和国家发展需要的对接，对个人、国家和社会发展都具有重要意义。

二、配齐身心健康：体育培养指标体系

配齐身心健康，完善大学生体育培养指标体系的具体阐释。体育培养指标体系分为两级，一级指标包括身体健康、心理健康。身体健康的二级指标包括：精力充沛、体质良好、睡眠良好、行为敏捷、无大病痛；心理健康的

二级指标包括：认知合理、情绪稳定、意志健全、自我悦纳、人际关系和谐、社会适应良好。（见表5）

表5 大学生体育培养指标体系

一级指标	二级指标
身体健康	精力充沛
	体质良好
	睡眠良好
	行为敏捷
	无大病痛
心理健康	认知合理
	情绪稳定
	意志健全
	自我悦纳
	人际关系和谐
	社会适应良好

（一）身体健康

精力充沛。能从容不迫地应付日常生活和工作压力而不感到过分紧张和疲劳。在准备各类考试复习、撰写毕业论文期间、各类比赛前期准备等阶段性的高压力时期，有足够的精力和体力坚持完成各项任务。

体质良好。体检各项指标正常（体重得当、肺活量达标、身材匀称、眼睛明亮、牙齿清洁、头发有光泽、肌肉皮肤有弹性），总体体质健康测试达标。

睡眠良好。每日睡眠6—8小时，容易入睡，醒后精力充沛。在学业任务繁重且紧急的特殊阶段，如果无法保证6小时睡眠，要确保23：30—2：30的睡眠。

行为敏捷。体质健康测试标准里的运动类项目（包括50米跑、800/1000米跑、立定跳远、坐位体前屈、引体向上/仰卧起坐等）达标；肢体灵活，至少具有2项健身运动的基础知识和运动技能（包括田径类、球类、游泳、武术、健身类等）。

无大病痛。具有抗病能力,能够抵抗一般性感冒和传染病,没有重大的疾病和慢性病痛。

大学生身体健康的五个具体指标,是大学生参与日常的学习、运动、生活所必须要达到的标准,可能不同的指标在不同的时间会有所波动,但总体上,大学生参照此具体的指标,向之努力靠近,身体上的轻松舒适感觉便会自然而生。

(二)心理健康

认知合理。有强烈的求知欲、浓厚的探索和学习兴趣;具有辩证思维,以发展的眼光看待事物;能够适应情境需要,多视角看待问题,具有批判性思维和质疑精神;具有合理的、积极的认知,排除"绝对化要求、糟糕至极"等不合理观念,相信"无论困难有多大,只要积极争取了,即使最终没有能达到最初的目标,也已经有了很大的进展"。

情绪稳定。总体的情绪基调是积极、乐观、愉悦和稳定的;有丰富、深刻的自我情感体验;能适度表达情绪,尤其是对于伤心、郁闷、愤怒等负面情绪,能够通过与人沟通、自我反思等方式释放出来;情绪反应适度,对不良情绪具有自我调控能力,可以识别、接纳负面情绪,理性分析原因,能够自我平衡情绪;社会情感发育良好,拥有较强的责任感、荣誉感。

意志健全。能遵守社会规范和校规校纪,在行动中控制自己的情绪和言行等;行为具有自觉性与果断性,有自制力;有学习与生活的理想,并且能够为实现自己的理想从实际出发制订可行的计划,并脚踏实地地去实现这些计划;在困难和挫折面前能采取合理的反应方式,运用切实有效的方法解决所遇到的问题。

自我悦纳。既能正确地认识自己的优点,也能客观地认识自己的弱点。对自己的优点感到欣慰,并产生相应的自尊感,但对弱点也不妄自菲薄、不自卑;有良好的自我感觉,在认识与评价自己的过程中,会产生一种积极愉快的情绪体验,能够从心理上悦纳自我。

人际关系和谐。能够主动交往、信任他人,既有稳定而广泛的人际关系,又有知心朋友；宽以待人、乐于助人，积极的交往态度多于消极的态度；具有良好的沟通能力；在交往中有明晰的自我界限，能与人产生亲近感，但不过度依赖他人；能客观评价他人和自己，在学习生活中具有健康的竞争心理。

社会适应良好。热爱生活，能主动与现实的自然和社会环境保持良好接触，对外界有较清楚的认识，思想和行动上都能与外界的要求相符合。当个人的需要和愿望与外界环境发生矛盾时，能迅速进行自我调节，以求与外界环境协调一致。

大学生心理健康的六个指标，是大学生正确认知自己、与他人交往、适应复杂社会环境的必备条件，这是一个不断进步和发展的过程，要求大学生积极主动地向指标靠拢，检验自己不断变化的心态，从而更好地规划自己的人生方向，实现人生目标。

第三节 双轮驱动 磨砺青春——大学生体育培养实施路径

阿拉伯谚语说："有两种东西丧失之后才会发现它的价值——青春和健康。青春逝去，未见得活力不在、睿智不在、优雅不在；而失去健康，即使青春犹在，年轻于你何用？财富于你何用？时间于你何用？"所以，要获得健康，使青春活力犹在，就要保持规律的作息，在常规锻炼的基础上开拓趣味运动，重视体测，促进心灵的和谐，健康地生活。

一、健康生活的关键：作息规律

"要向一切的不健康说'不'！"文化部原部长、中国作家协会名誉主席王蒙这样告诉青年朋友。面对大学生的健康问题，要首先在宿舍的生活习惯上来一个大翻转。制定、执行并互相监督宿舍公约是个好办法。宿舍公约要着重培养大学生的健康生活方式，包括寝室室友尽量统一作息时间，提倡宿舍每天 23：00 准时熄灯，保证 6—8 小时的睡眠时间，确保第二天能够精力充沛地进行学习和工作。保持寝室卫生，寝室是一个小环境，如果不定期打扫、时间长了，就会滋生细菌，影响健康。注意饮食健康，有规律地在食堂用三餐，膳食结构合理，根据身体需要选择食物，不吃夜宵、少吃零食，维护"舌尖上的健康"，大家一起监督，放下手机，在三餐的时候互相交流，既增进了感情，又保持了健康。通过按时作息，督促自己压缩娱乐、处理不重要事情的时间，使当天的工作尽量在睡前完成，如此反复，因循日久，就会逐渐形成新的生物钟。此外，通过把时间充分利用在学业上，较之娱乐，心理上会有更大的收获感。

康德（1724—1804）是启蒙运动时期最重要的思想家之一，德国古典哲学创始人。同时，他也是天文学家、星云说的创立者之一。康德的一生有一个超级规律的作息，堪比瑞士手表。以下是康德的作息时间表：4：45 仆人浪泊叫醒康德。康德命令：无论他怎么赖床，浪泊都必须想方设法把他拖起来；5：00 喝两杯茶，抽一斗烟，备课。康德严格规定自己每天只抽一斗烟，终生不变；7：00—9：00 上课；9：00—12：45 写作。康德的三大批判都完成于这个时间段；12：45 待客；13：00—16：00 与那些自己点名邀请的友人共进午餐，也是康德大发议论的享受时光；16：00—17：00 是著名的康德散步时间。康德散步定时定点，广大柯尼斯堡城居民一看见康德散步就对表。有一次康德看卢梭的《爱弥儿》走火入魔，忘了出门散步，广大市民一片混乱，一致认为教堂敲错了钟；17：00—22：00 看书。要求：书房温度恒定 15 度；22：00—4：45 睡觉。一到 22：00，康德立马上床睡觉，而且是一沾枕头就入梦乡。

虽然，我们很难做到像康德一样严谨的作息，但是只学习工作而不休息人就会疲惫；不学习不工作只懒散休息，要做的事情肯定完不成，人的身体也不一定好。其实，作息就是工作和休息，具有良好的作息规律，合理分配工作和学习的时间，身体才会好；在身体健康的基础上，学习和工作的效率才会提高。

二、文体活动好去处：体育锻炼

体育锻炼是运用各种体育手段，结合自然力和卫生措施，以发展身体，增进健康、增强体质、娱乐身心为目的的身体活动过程。它是群众性体育活动的主要形式。对促进人体生长发育，培养健美体态，提高机体工作能力，消除疲劳、调节情感、防治疾病、益寿延年乃至提高和改善整个民族体质，都有重要作用。

体育锻炼的方式有很多，主要的项目有跳绳、鞍马、前滚翻、跑步、乒乓球、篮球、足球、羽毛球、体操、网球、排球、武术等。我们会发现，自己身边爱运动的朋友通常都比较自律，目标性较强，不服输，耐力强。就像跑步一样，你可能有一百种一千种想要放弃的理由，但是你没有选择放弃，而是选择了坚持，跑到最后的感觉却身心舒畅。这种舒服感和优越感往往是自己通过努力得到的，会觉得非常心安理得。每当感觉压力大的时候，去操场跑几公里，就能够使自己平静下来。只要平静下来，就能找到缓解压力的办法。

体育锻炼除一般的项目外，还可以采取一些趣味运动的方式。大学生充分感受到体育锻炼的趣味后，就会更加积极地参加体育活动。[1] 丰富的体育健身社团就能使大学生和志趣相投的同龄人一起享受体育乐趣。比如，在拓展训练中有一种叫做"泡泡足球"的趣味运动，即一种将球员包裹在透明塑料太空球里的足球比赛。开始时，球员上半身包裹在透明塑料太空球里，只露出腿来进行奔跑、踢球的运动。上半身的太空球减少了比赛中球员身体碰撞的几率，虽然起到了很好的防护作用，但太空球所占空间太大导致球和球之间碰撞的几率增加。由于双手被固定，参赛球员身体平衡变得更加难以掌握。当球员跌倒后，就会在地上弹来弹去，球员笨拙的动作使得赛场上趣味横生。"泡泡足球"比赛中进球已经不再重要，撞翻对手才是乐趣所在。这

---

[1] 参见李井海：《试论动商理念在高校体育教学中的应用》，《南京体育学院学报（自然科学版）》2016年第15期。

图 12　同济大学赛艇队训练

种趣味运动抛却了传统足球玩法,让人体验撞翻或被撞的感觉和别具一格的足球乐趣。

有研究通过对高校部分参加体育社团活动的学生进行 SCL—90 量表分析,了解大学生的心理健康状况,6 周运动干预后对这些学生进行心理评价,表明各类趣味活动对大学生心理健康具有改善作用,能丰富课外体育活动和校园文化。[①]

三、体质好了颜值高:重视体测

体质测试对大学生健康有重要的促进作用。2018 年,清华大学自主招生,学生台阶运动试验测试不及格率,入学前为 52.6%,入学半年后,不及格率下降为 7.2%,入学一年半后下降为 3.1%;良好率入学前为 10.2%,入学半年后上升为 36.8%,入学一年半后,优良率达到 45.5%。学生的耐力素质明显提高。2014 年以来,依据教育部下发的《学生体质健康监测评价办法》,各个高校每年都会实施《国家学生体质健康标准》,开展覆盖全体学生的体质健康测试,通过不断加强体质健康管理工作,监测学生的体质健康水平。

当然,完成了体测还不够,要综合考量、具体分析大学生的体质问题,针对不同类型的体质下降问题,有针对性地开展体育课程培训,推行"私人定制",帮助自身改善和增强体质。比如,球类运动中篮球可以帮助大学生提高耐力、速度和灵敏度;羽毛球对提高运动者心肺功能、速度、灵敏度以及柔韧程度的效果非常明显;而健身气功和健美操则对力量和柔韧度的训练有着突出作用;体育舞蹈有利于改善大学生心肺功能和增强力量。要知道,体质越好,颜值也会越高。通过定期参加体育锻炼,可以有效地促进新陈代谢、形体塑造,排解压力和烦恼,心情也会变得更加开朗,颜值当然也会越来越高。

---

① 参见钱宏颖:《高校体育社团活动对大学生心理健康的影响》,《浙江体育科学》2005 年第 2 期。

四、"我爱我"不只在 5 月 25 日：心灵和谐

每年的 5 月 25 日是全国大学生心理健康日，"5·25"的谐音是"我爱我"，倡导和鼓励大学生要"珍惜生命，关爱自己"，要关爱自我、了解自我、接纳自我，关注自己的心理健康和心灵成长，提高心理素质，才能拥有源源不断的爱别人、爱社会的能量。为了更好保障大学生的心理健康，许多高校以全国大学生心理健康日为契机，组织开展各种生动活泼、喜闻乐见、有益于身心健康的活动，掀起心理健康教育活动的高潮。同济大学在每年的心理健康活动日，都举办"心理集市日"、心理情景剧大赛、心理讲座、沙龙和电影赏析等活动。这些活动受到普遍欢迎，大学生们通过这些有趣的活动，既学习了心理健康的知识，解开了萦绕心中的困惑，又增强了自尊自信、乐观向上的现代文明理念和心理健康意识。

当然关注心理健康、实现心灵和谐，不仅仅只在 5 月 25 日。学校一直在关注大学生的心理健康状况，从新生入学开始安排他们进行心理健康普测，了解新生入学后的适应情况和心理健康状况，对于存在心理困扰的同学提供帮助，协助他们缓解压力，走出困境。大学生如果有了心理压力，也要去勇敢地求助，做一些心理咨询与治疗是很正常的事情。就好像人疲惫了，可以做个按摩，心理疲惫了也可以做个"心灵 SPA"。人生在世，不如意事十之八九，我们要做的是有了伤痛，勇敢地寻求专业心理帮助。求助是积极应对困难的方式，寻求心理帮助更需要勇气和信心，需要不断提升认识和改善观念。

压力越大，你的身心越要扛得住，扛过去了风雨就是彩虹。即使面对身心的困难和暂时的挫折也没有关系，要学会微笑，别着急，慢慢来，一切都会好的。当遭遇人生变故、不得不面对无声的世界长达数年，你会如何选择？是向现实妥协，还是勇敢地向逆境发起挑战？同济大学的一名同学就给出了自己的答案。自小学起，刘同学逐渐失去了听力，但他并没有因此消沉，始终怀揣梦想、坚定目标，比普通人付出更大的努力，通过刻苦学习，用知识改变命运，最终以 675 分的高分考入同济大学。经过大学生活洗礼，

如今的他仿若凤凰涅槃，不仅实现了自己的梦想，更主动承担起更多的社会责任，仰望星空、脚踏实地，在同济大学这片热土尽情施展自己的才华与抱负。

五、加入"养生大部队"：科普健康

谁说养生只是老年人或是中年人的专属词语，据《中国青年报》消息，随着社会节奏的加快，人们的生活与工作压力与日俱增。不少大学生也已开始尝试各种养生方法，不断调整自己的生活作息，提倡更加健康的生活方式。

根据《2018年生活消费趋势报告》显示，综合各年龄段在电商平台上"枸杞"的搜索量，95后的搜索量占比在2017年9月有显著提升，且95后对于枸杞的热情也在逐年攀升。从整体消费者对于"养生"的搜索量来看，90后以及95后的年轻消费者对于"养生"的偏好度也从2017年1月的不偏好，开始转变为7月的中立，到8月和9月甚至超越了90前，偏好度明显上升，他们正试图深入体验养生，蜂蜜、枸杞、乳清蛋白、养生茶和酵素是95后目前最热衷的五大养生食品。少年养生派在校园的出现，是大学生平衡学习与生活的有效方法，也是缓解焦虑与压力的有效方法。正如一位学生所言："养生不是养老，而是为了更健康的生活方式，大学生养生更倾向于增强体质预防疾病，所以，我觉得这种生活方式值得提倡。"①

此外，大学生可以积极参加高校开设的各类与健康有关的课程及讲座，通过学习，获取更多的养生知识，形成健康生活方式。许多大学都开设了健康教育系列课程，比如，同济大学开设了十余门相关课程，诸如"食品与健康""中医学概论""膳食营养与健康"及"中医美容学"等课程，帮助大学生获取健康知识。除此以外，大学生也要学习测定身体健康状况的常用方法（如测量腋温和脉搏、血压等）、健康指标、正常范围，学习安全用药的知识和常见传染病的预防知识等。另外，也要了解如何应对突发事件与个人安

---

① 《95后来了！大学生加入养生大部队》，《中国青年报》2019年4月15日。

全防范知识，实验、实习等场所安全要求与防护技能等。

  青春正当时，奋斗正当时。要想在青春最美的年纪奋斗出最美的故事，就要有一个好的身体，就要不断地去锻炼身体、强健身心，才能更好地为社会和国家服务。生命是一个人的灵魂，也是一个人思想的载体，只有有了生命，我们才能谈得上实现自身的价值。运动可以让我们变得更加豁达和乐观，用一种宽广的胸襟看待生活中的人和事，会更加热爱生活。生活是个舞台，而我们就是这个舞台上的演员，怎么演和演什么就需要自己拿主意了，而且只有现场直播而没有彩排。青年大学生要懂得，我们每一个人都生活在这样一个大舞台上，每天都在这里上演着不同的剧种和剧目，与其他舞台不同的是，生活这个舞台只有演员而没有观众。每一个动作都是那个演员真情的流露，演的都是真人真事，没有虚构的。所以，我们要把它演好，不给自己留下遗憾，以一种只争朝夕的精神去演，做这个舞台上最耀眼的明星。无奋斗，不青春；有健康，才奋斗。愿新时代大学生的青春以健康为脚注，形成终身重视体育的习惯，永葆青春活力、身心健康，永远身姿挺拔、步履坚定、斗志昂扬、百折不挠地奋斗在祖国大地上，每一个强健体魄都成为祖国最坚实的栋梁！

第五章

施绘雕饰
——大学生美育涵养之旅

美无处不在，存在于生活的各个角落。正如同济大学校友，美学家、诗人、翻译家宗白华先生所言，"美是存在着的！世界是美的，生活是美的。它和真和善是人类社会努力的目标，是哲学探索和建立的对象"[①]。人类对美的追求古而有之，是人类文明传承的重要方式之一。美育的立足点在于培养人的审美鉴赏力，具备这种鉴赏力，你将在这个纷繁复杂的价值世界里，具备丰盈的情感体验，让你学会更好地选择、更好地创造、更好地生存，进而过上更美好的生活。就像阿兰·德波顿在《幸福的建筑》一书中所言，美对于我们情绪和心态的转变具有重大影响。当我们称赞一把椅子或一栋房子"美"时，其实是在说我们喜欢由对象彰显出来的那种生活方式。

一个人的成长犹如建造一座摩天大楼，"美"将是这座摩天大楼最醒目的装饰和标志，这就犹如中国古代建筑中雕梁画栋、飞檐斗拱，会让整个建筑显得精美绝伦、气势恢宏。就个人的成长而言，美育在提高人的审美能力、培养积极健康的审美情趣、陶冶心灵、健全人格等方面具有独特作用，因此，我们要认识美、践行美，并将其内化为行为习惯，使自己获得美的熏陶，实现自身的全面发展，由此，我们的人生就会变得更加美好！

---

① 宗白华：《美学散步》，上海人民出版社2005年版，第36页。

第一节 以美而育 向美而生——大学生美育的内涵和意义

一、"让美的种子在心中发芽":美育的内涵

(一)凌驾于"美的事物"之上的"美本身":美是什么?

古希腊哲学家柏拉图的著作《大希庇阿斯篇》,记载了苏格拉底和诡辩派学者希庇阿斯的一段对话:苏格拉底问,能替美下个定义吗?请告诉我什么是美。希庇阿斯说,一个年轻小姐是美的。苏格拉底并不满意,他说,我要问的是什么是美,而不是谁是美的,什么东西是美的。随后,希庇阿斯尝试着给美下了多种定义,例如,美的就是适当的、美的就是有用的、美的就是令人愉悦的,但苏格拉底又一一予以驳难,最后得出的结论是:美真的很难解。按苏格拉底的意思,要解"美是什么?"这道题,不能仅限于知道年轻小姐是美的,必须回答美本身是什么,所以要为美下个定义。在这段对话里,柏拉图借苏格拉底和希庇阿斯的对话,提出了"美是什么"的问题,他区分了"美本身"(即"什么是美")和"美的事物"(即"什么东西是美的")。

世界上有万事万物,但并非全是审美对象。我们所要认识的美就是使普通事物成为审美对象的那种东西,是一切审美对象所共同具有的性质,也是使事物成为审美对象的普遍的共通性的原因,这就是上文提到柏拉图所说的"美本身"。如何认识"美本身",需要追溯"美"的起源。

马克思主义美学认为"劳动创造美"。人的劳动既是满足人类物质生活资料的活动,又是有目的、有意识、主动去改造自然,从而在自然中取得自由的创造性活动,其过程包含了高于动物的人所具有的理想、信念、意志、情感、智慧和力量等因素。最初的美感来源于人在劳动中运用自己的智慧和力量获得的自由,有了这种自由,才会有精神上的轻松、愉快、自豪等美

感，这是人客观上所获得的自由在主观上的反映。①

从哲学思辨的角度看，美是人的自由的一种感性表达，作为美的内涵的自由具有以下四个层面的认知：其一，它具有功利基础上的超功利性，比方说，一位艺术家如果贫病交加、居无定所，那么他的艺术创造活动便会受到肉体生存需求的极大限制，没有真正意义上的自由可言；而人们听贝多芬的《命运交响曲》，获得的是精神上的愉悦与力量，而非物质上的满足，美之所以唤起人的美感，恰恰在于它不是直接的功利手段。其二，它不仅是对客观规律的掌握，更是对客观规律的创造性运用，比如，《庄子》中所记载的"庖丁解牛"体现的"熟能生巧"，在某种意义上就是一种合乎规律又超出规律束缚的自由。其三，它不是一个抽象的哲学概念，是自由的内容与形式的统一体，只有用合乎美的规律的具体物质形式表现出来的自由，才是美学意义上的自由，才能成为审美对象。其四，作为美的内涵的自由应是人与社会统一中的自由，只有在这种统一中，个体与社会的自由才能同时获得肯定，当这种统一具体展现在人们面前时，人们才会产生崇高的美的情感，例如，岳飞的《满江红·怒发冲冠》所表现的正是这种美。

客观世界丰富多彩，这就决定了万事万物的美必然具有多种形态，从类型学的角度看，美的存在形态一般分为：社会美、自然美、艺术美以及科学美。社会美是指人们在社会生活中的美，其主体是人，包括外在美和内在美两个方面。外在美指人的相貌、体态、语言、仪表、风度等方面的美；内在美包括人的心灵、品格、情操、智慧、情感等方面的美。社会美是以符合大多数人利益的"善"为基础的，与"善"的关系密切。古罗马时期的哲学家普罗提诺曾说："善在美的后面，是美的本原。"② 与社会美相对稳定、明确的特征不同，自然美是客观自然界中自然物之美，包括了日月星辰、山川草木、风雪云雨、花鸟虫鱼等方面的美，具有易变性、多义性的特征。自然美对人的陶冶作用和感染力极为显著，鲁迅在杂文集《集外集拾遗补编》中

---

① 参见田连波：《美学原理新编》，河南大学出版社1991年版，第68页。
② 北京大学哲学系美学教研室：《西方美学家论美和美感》，商务印书馆1982年版，第58页。

写道:"曙日出海,瑶草做华,若非白痴,莫不领会感动。"艺术美,就是在艺术作品中体现出来的美,是艺术家依据艺术生产的美的规律,以审美需求、审美尺度借助一定的物质媒介、手段和载体,把审美意识物态化,文学、绘画、雕塑、音乐、舞蹈、戏剧、电影等都是艺术美的物态化形式。与社会美、自然美所体现的现实美相比,艺术美是更高的实在、更真实的客观存在[1],具有典型性、理想性、普遍性的特征。毛泽东曾阐述过艺术美与现实美的辩证关系:"虽然两者都是美,但是文艺作品中反映出来的生活却可以而且应该比普通的实际生活更高、更强烈"[2]。科学美,是美的一种高级形式,是一种内在的以和谐为表现方式的美。科学美表现了科学家对自然界客观规律的认识,也反映了科学家的能动创造性。它于实验、公式和理论上表现出庄严、简洁、精确、对称、和谐等内容和形式上的美,同时,也具有音乐的神韵、诗的意境。爱因斯坦就称科学美为"思想领域最高的神韵"[3]。科学美最主要的特征就是理性美,科学的理性美表现为对自然界的和谐有序的结构与规律的理解与欣赏,也表现为对科学理论成果在结构上的理解和欣赏。[4] 著名科学家彭加勒认为科学家研究自然,就是因为"他喜欢它,他之所以喜欢它,是因为它是美的"[5]。

(二)"审美""立美""人性":马克思主义美育观的三重境界

中国当代美育思想的理论基础是马克思主义的美育观,而马克思主义美育观是引领提升当代高校学子审美素养的强大理论基础和科学指南,对高校美育工作具有十分重要的思想引领和行动指导作用。因此,要厘清中国当代美育的基本内容、特征、意义、导向及实施路径等之前,需要对马克思主义美育观进行了解和研究。

---

[1] 参见黑格尔:《美学》第1卷,商务印书馆1982年版,第10页。
[2] 毛泽东:《在延安文艺座谈会上的讲话》,载《毛泽东选集》第三卷,人民出版社1991年版,第861页。
[3] 刘茂才:《科学学辞典》,四川省社科院出版社1985年版,第166页。
[4] 参见田连波:《美学原理新编》,河南大学出版社1991年版,第109页。
[5] [法]彭加勒:《科学的价值》,李醒民译,光明日报出版社1988年版,第357页。

教育的最终目的是什么？仅仅是让学生认识几条客观规律、学会几样生产技术吗？非也！比这些更重要的，是让人的内在心理结构，在不违背自然规律的前提下，尽量按照一种理想的模式，全面有效地发展，使其成为对社会有贡献的人。这种"全面有效的发展"恰恰是马克思主义教育理论中极为重要的部分，包含了道德的完善、智力的开发、身体的健壮、鉴赏和创造美的能力等。其中，关于美育（即审美教育），马克思在《〈政治经济学批判〉导言》中说道："艺术对象创造出懂得艺术和具有审美能力的大众……生产不仅为主体生产对象，而且也为对象生产主体。"① 在马克思看来，美育是一种精神生产，用来"生产主体"，他还认为要"按照美的规律来构造"，不仅在物，更重要在人。恩格斯也提出，美育是整个教育体系的一个重要部分，旨在培养全面发展的社会主义新人。

马克思主义美育观脱胎于德国古典哲学中的人本主义美育观，提倡以"人"为核心，将美育涵盖在生命、本性、实践等过程中。细化来说，马克思主义美育观始于人的生命现实存在（即生命美学），产生于人的自然发展需求，生成于人的社会组成需要，嵌入于人的意识形态特性，并能瓦解人的现实异化物化状态。马克思主义美育观还是以实践观为基础发展起来的，是以客观事实为基础，以人与现实的关系为根本，阐释人在实践过程中产生的学习美、鉴赏美、创造美、传播美等内容的理论。② 这也就是说，马克思主义美育观并非狭义的美育观，并非限于"审美教育""艺术教育""美感教育"的范畴，而是包含了"审美""立美""人性"三种境界的广义美育观。

"审美"境界的马克思主义美育主要指历史发展过程中形成的人类一切的审美习得和审美传承，人们开始通过对美的习得来享受美的世界，并对其不断深化和发展，其发展是在继承前代的基础上，将美的本质和育的过程与它所处的时代进行相适应的持续发展，这也是对传统审美进行扬弃的过程，

---

① 《马克思恩格斯选集》第 2 卷，人民出版社 2012 年版，第 692 页。
② 参见程远：《马克思主义美育观与当代中国美育建设》，博士学位论文，北京交通大学，2018 年。

同时从内容到范畴持续进行扩展和更新。"立美"境界的马克思主义美育主要指从人类活动的角度去探究美的创造。马克思提出的劳动创造美除了生产意义以外，更有育化与传承的含义。根据美的规律进行创造的劳动产品，就是人类掌握了美的规律后，将规律所运用到的对象，这一对象天生就带有传播与传承的性质，这就是在"立美"境界下对人的美育功能的本质。"人性"境界的马克思主义美育拓展了美育在社会关系下以美育人的情感本性和阶级属性。马克思主义将美作为附着在自然与社会关系的人的情感本性之中的东西，而美育成为影响情感世界的手段。马克思主义美育观始终将美育作为支撑整个人类劳动生产与精神生活的重要部分，贯穿人类生产、生活的全过程。马克思、恩格斯在《神圣家族》中有一段对玛丽花的评述："她之所以善良，是因为太阳和花给她揭示了她自己的像太阳和花一样纯洁无暇的天性。"[①]这就是玛丽花的情感、思想在美的育化过程中合乎了她的人性的表现。可以看出，马克思主义美育不是外加在人身上的理性形式，也不是自我超越的感性存在，而是使人成为"完整"本性的人的必要条件。

（三）从礼乐教化到中国特色社会主义美育：中国美育观的历史演进

在中国，礼乐文明是中华文明浓重的文化底色，礼乐教化成为中华民族历史悠久的美育传统。远古的百兽率舞、周代的六代乐舞、汉代的乐府乐歌、两晋的四厢之乐、唐代的开元礼乐、宋金元的礼乐户、明清的通祀礼乐贯穿中华文明史，礼乐在信仰建构、国家治理、民族融合、伦理建设、心灵和谐等诸多方面曾发挥了决定性作用，形成了华夏民族天人合一、以和为贵、慎终追远、礼下尊上、敬业乐群、孝老爱亲、友朋亲邻的内在精神结构与独特精神品格。礼乐文化以"天人合一"为其文化理念，以"中和"为其审美理想，以"礼乐交融"为其东方特色，以"正声""德音"为其艺术诉求。

西周时期，学校教育内容包含六艺，即礼、乐、射、御、书、数，凭借

---

① 马克思、恩格斯：《神圣家族》，载《马克思恩格斯全集》第 2 卷，人民出版社 1957 年版，第 216—217 页。

其所蕴含的艺术手段提高学生的审美能力，培养学生的道德情操。后来朱熹在《诗集传序》中对此作过描述："昔周盛时，上自郊庙朝廷，而下达于乡党闾巷，其言粹然无不出于正者。圣人故以协之声律，而用之乡人，用之邦国，以化天下。"①可见，周代已经开始重视诗、乐（艺术、审美）对民众的心灵教化作用，使民风淳朴、国泰民安。《乐记》就已强调乐教因人的本性而进行心灵疏导以产生潜移默化的感染功能，"故乐行而伦清，耳目聪明，血气和平，移风易俗，天下皆宁"，这正体现了那个时代所要求的艺术教化即美育的效果。②我国伟大的思想家、教育家孔子以六艺授徒，尤其注重礼和乐的关系。他提出"兴于诗，立于礼，成于乐"（《论语·泰伯》），认为要通过乐来培育人。同时他也非常重视诗的美育功能，认为诗不仅可以言志，更看重诗的情感功能，提出"诗可以兴，可以观，可以群，可以怨"（《论语·阳货》），诗可以提高人的人格修养。孔子还注意到艺术教育的功效，认为艺术活动不仅是为政治服务的，更是个人道德教育的重要途径。由此提出"志于道，据于德，依于仁，游于艺"（《论语·述而》）。强调艺术教育能愉悦身心，具有对人的感化作用。这都体现了孔子对"乐""诗""艺"培养道德情操、完善人格的美育手段的认同。此后，荀子立足于"性恶论"，强调礼乐对人的性情的外在规范、塑造作用，其著作《乐论》以生动的语言阐述了乐教具有"厚人伦，美教化，移风易俗"的社会功能。孔子、荀子注重"诗教""乐教"的儒家美育思想，对以后两千多年的中国教育，都有很大的影响，成为我国古典美育理论的传统和主流。

到了19世纪末、20世纪初，王国维和蔡元培等人借鉴西方哲学思想，逐步建立起中国近代的美育观。王国维将西方美育理论较为全面地引进中国，1903年发表《论教育之宗旨》一文，将美育与德、智、体三育并称"四育"，并提出实施美育，以促进国民的高尚趣味和健康情调，发展国民的新精神。他充分肯定美育能陶冶人的性灵，丰富、发展人的情感，培养人们的

---

① 朱熹：《诗集传》，中华书局1958年版，第1页。
② 参见朱立元：《把握美育内涵，塑造美好心灵》，《人民日报》2018年10月19日。

审美鉴赏力和创造力，同时又认为美育能促进德育、智育的实施和发展。我国近代著名教育家蔡元培一生致力于教育改革和新文化运动，美育理论和实践成为他教育思想的重要组成部分。他将中国传统美育思想与德国哲学家康德的美学思想结合起来，形成了具有中国特色的美育理论。他提出"五育并举"，其中就包括"美育"，认为人的一生从家庭、学校到社会都离不开美育。在《教育大辞典·美育》的条目中他这样定义美育："美育者，应用美学之理论于教育，陶养感情为目的者也。"他还提出："美育者，与智育相辅而行，以图德育之完成也。"虽然后来蔡元培离开了北大，但他"五育并举""思想自由，兼容并包"的教育理念却在北大扎了根。在那战火纷飞的年代，美育展现出其独特的作用。深感民族危机之重的北大学子开风气之先，或以歌咏关心家国、有力发声，或参演戏剧，针砭时弊、凝聚人心，更不必提师生们以笔为刀、声援前线。美育之美，美在陶冶性情，更美在心系家国。近代中国的美育观产生于国家危亡之际，救国必先救人心，这就赋予了美育积极的社会意义，同时也彰显了中华民族的传统文化特色，美育的本土化成为历史的必然选择。

20世纪中期，以毛泽东为核心的党中央在长期的革命和建设过程中，汲取和发展了马克思主义美育思想，初步形成了中国特色马克思主义美育观。1942年5月，毛泽东在延安文艺座谈会上的讲话明确指出革命时期的文艺目的就是要"团结人民、教育人民、打击敌人、消灭敌人"，这就是要艺术工作者们对"人民大众"开展切实有效的美育。在毛泽东延安文艺座谈会上的讲话精神的指导下，革命文艺空前繁荣。文艺工作者们创作出了秧歌剧《兄妹开荒》、歌剧《刘胡兰》《白毛女》等大量革命现实主义题材的作品，用群众喜闻乐见的文艺形式，把革命的知识、思想传播给广大群众，唤醒他们的革命觉悟。当时，演出小品《参军》，当天就会有上百青年报名参军；演《夫妻识字》，农民们就纷纷参加文化学习；还有像《小二黑结婚》这样的作品，影响了当时青年男女的婚恋观。冼星海作曲的《黄河大合唱》在当时公演以后掀起了传唱的热潮，从前线的战士到后方的工人、农民、学生，人人都在唱，这对唤醒人民群众奋起保卫国家起到了很大的鼓舞作用。总体而言，毛泽东的美育思想强调用精神理想之美、情操情感之美、文学艺术之美来育人，尤其重视革命文化所带来的强大教化和号召作用。

改革开放之后，随着社会主义现代化建设的大力推进，中国经济得以快速增长，在物质文明高速发展的同时，也对社会主义精神文明建设提出更高要求，各级学校教育体系的结构均随之发生着变化，美育在其中开始扮演越来越重要的角色。1986年，国务院制定的"七五计划"中提到："各级各类学校都要加强思想政治工作，贯彻德育、智育、体育、美育全面发展的方针，把学生培养成为有理想、有道德、有文化、有纪律的社会主义建设人才。"[①]自20世纪80年代起，美育又重新成为支撑我国教育事业的"四柱"之一。此后的20余年，中国特色社会主义理论体系中的美育观在马克思主义美育思想的基础上，不断进行着继承、扬弃、实践与创新，对于马克思主义美育观的中国化作出了重大贡献。

当前中国特色社会主义进入新时代。在这样一个社会生产与精神生活发生着结构性变化的新时代，中国化马克思主义美育观也应当顺应这一时代的发展而不断创新与完善。习近平总书记着眼于国家美育建设的整体现状，对当代中国的马克思主义美育建设进行了深入总结与反思，提出了一系列符合新时代的中国特色社会主义美育观点，进一步丰富了当代中国化的马克思主义美育观，为新时代中国特色社会主义美育建设提供了明确的指导思想。旨在形成全民爱美、讲美、创造美的和谐文明的社会环境，弘扬中华美育精神，建成具有中国特色的马克思主义美育道路，既深刻体现对古人优秀审美传统的继承，又体现当代人对美的追求。坚持以人民为中心，将社会主义核心价值观纳入美育全过程，提倡将美育植根于中华优秀传统文化的深厚土壤，让美育融入人们的日常生活，加强和改进党对美育工作的领导，坚定文化自信，将时代精神以润物细无声的方式融入美育的各个细节。对于意识形态极为活跃的高校，中央尤为重视美育的建设和顶层设计，新时代高校美

---

① 《中华人民共和国国民经济和社会发展第七个五年计划（1986—1990）》，《人民日报》1986年4月15日。

育观的内涵在于培根铸魂，落实立德树人根本任务，提高学生的审美和人文素养，遵循美育特点，弘扬中华美育精神，以美育人、以美化人、以美培元，培养德智体美劳全面发展的社会主义建设者和接班人。①

二、"无用"乃"至用"：高校美育的重要意义

（一）培文化之根，铸民族之魂

2019年4月16日出版的第8期《求是》杂志发表了习近平总书记的重要文章《一个国家、一个民族不能没有灵魂》。文中指出文化文艺工作者、哲学社会科学工作者都肩负着启迪思想、陶冶情操、温润心灵的重要职责，承担着以文化人、以文育人、以文培元的使命。党的十九大报告也明确指出，文化是一个国家、一个民族的灵魂。文化兴，则国运兴，文化强，则民族强。没有高度的文化自信，没有文化的繁荣兴盛，就没有中华民族的伟大复兴。

习近平总书记高度重视文化、文艺和学校美育工作。2018年8月，习近平总书记在给中央美术学院老教授的回信中强调："做好美育工作，要坚持立德树人，扎根时代生活，遵循美育特点，弘扬中华美育精神，让祖国青年一代身心都健康成长。"2019年，教育部发布了《关于切实加强新时代高等学校美育工作的意见》，指出："美是纯洁道德、丰富精神的重要源泉。学校美育是培根铸魂的工作，提高学生的审美和人文素养，全面加强和改进美育是高等教育当前和今后一个时期的重要任务。"

对美的追求是人类社会文明进步的标志，是一个民族实现伟大梦想的情感动力。中国现代美育发展，一路伴随革命、建设、改革，以家国为念，以民族振兴发展为任，从"培养健全的人格"以提升全民素养，到抗敌斗争中作为最有力的精神教育，到建设发展中贯彻"为人民服务、为社会主义服务"的方针，美育有坚实的社会责任和使命，在新时代的背景下，立德树人，培根铸魂成为高校美育的核心要义。马克思主义美育观提出劳动创造

---

① 参见教育部：《关于切实加强新时代高等学校美育工作的意见》，2019年3月29日。

美本身便具有育化与传承的含义，而高校美育具备对文化进行传播与传承的功能，培文化之根、铸民族之魂，便成为新时代高校美育的重要目标之一。

（二）立德树人之"法宝"，高等教育之"火光"

美育可以提高人辨别美丑与善恶的能力，人们往往把审美同人的高尚情操联系在一起，审美能力的提高有助于善恶分辨能力的提高，有利于人道德水平的提升。美育经常以艺术教育的形式出现，通过情感和心灵层面潜移默化的影响，带动人们对某种高尚价值观的认同，有别于单纯的知识或技巧的传授，是一种润物细无声的方式。美育既能够帮助人们不断提升自身的道德水平，也能让人们将一些外在的规则内化为内在价值取向。而情感共鸣的塑造是美育的作用机制，使人的各种潜能在轻松愉悦的氛围中得到协调发展。此外，审美力的培养能够帮助人们摆脱功利主义和实用主义的局限。健康良好的审美力有助于塑造健全的人格，树立高尚健康的价值观。正如蔡元培所说："纯粹之美育，所以陶养吾人之感情，使有高尚纯洁之习惯，而使人我之见、利己损人之思念，以渐消沮者也。盖以美为普通性，决无人我差别之见能参入其中。"[1]可见，美育能令人驱除杂念、忘却私欲、促进和谐。对于高校思想政治教育工作来说，美育是一种切实有效的手段，更是高校"立德树人"的"法宝"。党的十八届三中全会之后，《中共中央关于全面深化改革若干重大问题的决定》提出教育上坚持"立德树人"的方针，还特别指出"改进美育教学，提高学生审美及人文素养"。这不仅体现了党对美育工作的高度重视，更体现出美育在"立德树人"上的关键作用。高校作为"立德树人"建设的重要阵地，加强美育建设尤为必要。

美育的价值，并不能直接创造物质财富，但却能使人认识正确的审美规律、树立进步的审美理想、培养高尚的审美趣味，加强人对美的感受能力，提升人创造美的能力，从而使人终生精神饱满、内心充实，能不断地为人类创造美好的生活。郭沫若曾这样形容美育："虽然貌似无用，然而有大用存

---

[1] 《蔡元培全集》第三卷，中华书局1984年版，第33页。

焉，它是唤醒社会的警钟，它是招返迷羊的圣箓，它是澄清河浊的阿胶，它是鼓舞革命的醍醐。"①鲁迅则认为"文艺是国民精神所发的火光，同时也是引导国民精神的前途的灯火。"在新时代我国高等教育体系中，德育、智育、体育、美育、劳育缺一不可，在教育思想和实践中，"五育"之间应是辩证统一的关系，美育既有别于其他"四育"，又与"四育"相互依存，并能对"四育"起到较强的辅助作用。新时代高校教育体系的"五育"中，美育是可以燎原的"火光"，活跃耀目，能把光和热传播到任何一个领域，并起到极强的渗透和推动作用。

（三）提升育人品质，增强核心竞争力

2005年，当温家宝探望90多岁高龄的钱学森先生时，钱学森提出了一个严峻的疑问：为什么我们的学校总是培养不出杰出人才？这就是著名的"钱学森之问"。当温家宝提到国家已经在理工学科方面进行了深远的规划时，钱学森连忙补充道："一个有科学创新能力的人不但要有科学知识还要有艺术修养。"他曾在多个场合提到，艺术修养对他的科学研究有深远的影响。钱学森建立的现代科学技术体系的构想，其中很大一部分包含了美学理论与实践，其思维方式与科学技术是相互贯通、融为一体的。

新时代的中国正面临全方位的转型升级，涉及经济、政治、文化、社会、生态文明等各个领域，高等教育的发展也由外延式增长逐渐向内涵式提升转变，这是一个"量变"到"质变"的过程。同时，社会利益主体的多元化、"包容性"发展的价值导向，使得社会对高等人才培养提出了更为全面而多元的要求，过去高校传统的"学院派"教育、"条块分割"已难以满足当下的人才培养需求。中央提出"大力培养德智体美劳全面发展的社会主义建设者和接班人"，其教育理念是强调"人的全面发展"。高校德育、智育、体育、劳育都与美育有着极其密切的关系，同时，美育是"立德树人"的必

---

① 郭沫若：《论国内的评坛及我对于创造上的态度》，转引自《文学理论学习与参考资料》下，春风文艺出版社1981年版，第1054页。

要手段和积极有效的途径，因此，美育对于新时代高校全面提升育人品质有着至关重要的意义。

从青年学子的角度看，高校美育带给他们的是综合素质的全面提升，是个体核心竞争力的大幅增强。纵观科技发展史，众多伟大的科学家不仅精通自然科学，而且在人文和艺术方面也有较高的修养造诣。文艺复兴时期的代表人物达·芬奇便是将科学与艺术结合的最佳典范——他不仅是著名的画家、雕塑家，更是工程师、建筑师、物理学家、生物学家、哲学家，在每一门学科中的研究都在当时达到了登峰造极的水平。"中国航天之父""中国导弹之父""火箭之王""中国自动化控制之父"钱学森，同样在音乐、绘画等艺术领域有着颇高造诣。著名美学家蒋勋认为一个人审美水平的高低，决定了他的竞争力水平，因为审美不仅代表着整体思维，也代表着细节思维。高校美育不仅能使青年学子提升审美和人文素养，拥有高尚的情操、高级的境界、高雅的格调，具备完满的人格和闪耀的个人魅力，更能为科学思维插上美的翅膀，助其在科学的浩瀚苍穹自由飞翔。

第二节　各美其美　美美与共——大学生美育体系构建

一、大学生美育培养目标的《玫瑰三愿》[①]

大学生美育的核心在"育人"，党的十八大以来，我国高校美育的育人导向更加凸显。2019 年《教育部关于切实加强新时代高等学校美育工作的意见》中提到要"以美育人、以美化人、以美培元"，并提出："学校美育具有很强的意识形态属性，要坚持以社会主义核心价值观为引领，弘扬中华优

---

① 中国经典艺术歌曲《玫瑰三愿》，创作于 1932 年，由龙榆生作词，黄自作曲。

秀传统文化，继承革命文化，发展社会主义先进文化，形成高校学生自觉增强文化主体意识、强化文化担当的新面貌。"新时代高校美育工作的目标层次可以总结为：通过全过程全方位的审美教育路径，一方面引导学生树立正确而高尚的审美观，培养学生感知美、鉴赏美、创造美的审美能力；另一方面以美辅德、以美启智、以美益体、以美助劳，潜移默化地陶冶情操、净化内心，并从积累人文知识、养成人文态度、坚持人文精神等方面提升学生的人文素养，增强传承弘扬中华优秀文化艺术的使命感，强化文化自信和文化创新意识，拥有开阔的眼光和宽广的胸怀，以美的规律培养和造就德智体美劳全面发展的社会主义建设者和接班人。

（一）"求真""求善""求美"，树立高尚的审美观

审美观，即从审美的角度对世界和人生的看法，是人的世界观、人生观的重要组成部分，其核心是审美理想和审美标准。审美观指导着人的审美实践活动，引领着人的审美方向，影响着人的审美品位。爱因斯坦曾说过："照亮我的道路，并且不断地给我新的勇气去愉悦地正视生活的理想，是善、美和真。"审美观是人的审美活动的"总开关"，正确而高尚的审美观能把人引向不断"求真""求善""求美"的自由境地，帮助人更好地感知美、鉴赏美、创造美。

人人都有爱美的天性，但如果缺乏正确的审美观指导，他们对美的感受可能是肤浅、迟钝，甚至是错误的，对美的追求也往往是盲目的。有时，若在错误的审美思潮影响下，人在审美时容易产生错觉，不辨美丑，甚至以丑为美。例如，对于"人之美"，有的人就只重外表之美，而忽略心灵之美。荀子在《非相》篇中写道："形相虽恶而心术善，无害为君子也。形相虽善而心术恶，无害为小人也。"审美观不是天生的，也不是一蹴而就、一成不变的，它与时代背景息息相关，是建立在一定社会实践基础之上，随着实践的发展而发展的。

树立正确而高尚的审美观，其关键在于陶养情感。王国维提出，"美育即情育"。列宁说："没有'人的感情'，就从来没有也不可能有人对于真理的追求。"①蔡元培在《教育大辞典·美育》中对美育做出了"以陶养感情为目的"的明确界定。他认为，通过审美教育使人们的心，既不能是"冷漠的"，也不能是"狭隘的"。他们应该是，不仅懂得美，挚爱美，而且感情灌注，并能做到为美而倾倒，为美而奋斗。人在进入审美状态之后，会产生一种奇妙的情感，既有感性的冲动，又有理性的认知，两者相互交织融合。审美观，是一种相对稳定的情感反应。在客观事物面前，人们喜欢什么，讨厌什么，向往什么，逃避什么，总能表现出强烈的情感态度。这种对美丑所表现出来的相对稳定的情感内容，以及所持有的相对恒定的审美标准，就是审美观的反映。审美观指导、影响、制约着人的审美活动全过程，树立进步、健康的审美观，陶养并升华情感，有助于人们正确并深刻地感知美、鉴赏美，并用美的规律改造自身和客观世界。

《蔡元培美育论集》中有这么一句话："在嚣杂的剧院中，演那简单的音乐，卑鄙的戏曲。在市场上散步，只见飞扬尘土，横冲直撞的车马，商铺门上贴着无聊的春联，地摊上出售那恶俗的花纸，在这种环境中讨生活，怎么能引起活泼高尚的感情呢？所以我很希望致力文化运动诸君，不要忘了美育。"②钱理群教授曾指出，中国的大学，包括名牌大学，正在培养一些"精致的利己主义者"，他们高智商、世俗、老到、善于表演、懂得配合，更善于利用体制达到自己的目的。在国家经济社会迅速发展的今天，有些人对传统信仰产生了动摇，对真、善、美的辨别变得模糊，社会上出现了一些浮躁、功利、庸俗等负面价值取向，"走偏"的文化与"病态"的审美值得忧思。在多元文化碰撞的高校，美育工作背负了重要的历史使命，而树立和培养学生高尚的审美观应当是高校美育的首要目标和前提。

（二）"养眼""养心""养思"，"养"出三重审美力

审美是人类一种高级的精神活动，因此，美育有别于其他四育，更强

---

① 《列宁全集》第25卷，人民出版社2017年版，第117页。
② 高平叔：《蔡元培美育论集》，湖南教育出版社1987年版，第266页。

调其精神特质，通过"养眼""养心""养思"三个层次的培养，使学生具备感知美、鉴赏美、创造美的三重审美能力，此乃高校美育本体的培养目标。

日常生活中的"好看"，可谓比比皆是，"乱花渐欲迷人眼"。建筑的"好看"、绘画的"好看"、电影的"好看"、美人的"好看"等都属于"养眼"的范畴。"小荷才露尖尖角，早有蜻蜓立上头"（杨万里《小池》），"一年好景君须记，最是橙黄橘绿时"（苏轼《赠刘景文》），说的也都是这一层次的审美。这一层次的审美不仅限于"养眼"，还有"养耳"，所有大自然声音的"好听"、普契尼歌剧的"好听"、德彪西《月光》的"好听"等都属于"养耳"的审美。当然，审美还不止于视听，其他感官（如触觉、味觉、嗅觉等）与环境一起参与到审美活动中。在实践活动中，对现实中的美进行"发现"，从而与之构成审美关系，产生物我交流中的真挚情感，这与主体对美的感知能力有着直接的联系。审美主体想要把握丰富多彩、眼花缭乱的审美客体的"形式""意境"，就需要调动审美主体的各种感觉器官，充分发挥其敏锐而细微的感觉能力。这种感知美的能力并非天赋使然，也并非神灵附体，而是通过长期的审美教育和实践获得的。就如马克思所说，"没有音乐感的耳朵"，没有能"感受形式美的眼睛"，再美的音乐、绘画都将"毫无意义"[①]。

对美的感知通常较为感性，而对美的鉴赏便相对理性。审美鉴赏力是指审美主体对审美对象的鉴别和欣赏能力。"一千个人眼中有一千个哈姆雷特"；叶燮在《已畦文集》中说，"境一而触境之人之心不一"；鲁迅说，就《红楼梦》的命意，有人看到排满，有人看到缠绵，有人看到易，有人看到淫，有人看到宫闱秘事。可见，因审美主体的鉴赏力不同，即使鉴赏同一个审美对象，其审美结果也会千差万别。在复杂的现实生活中，美丑并存，良莠相杂，如果缺乏对美丑的鉴别分析能力，就无法正确地理解美、欣赏美，更别提做出正确的判断和评价。对事物进行审美，不仅要感受其外在的形式，更

[①] 转引自杨炳编：《马克思恩格斯论文艺和美学》，文化艺术出版社1982年版，第36页。

要用"心"领略其内在意蕴。审美鉴赏能力的培养来自长期的生活实践、审美实践和丰厚的知识积累，生活实践为其提供基本的社会知识，审美实践是其必要路径，而理论及相关知识的积累为审美鉴赏打下了深厚的文化基础。

一个会欣赏美的人不一定能创造美，但是一个能创造美的人就一定能欣赏美。人在改造自身和客观世界的过程中追求美，并在追求中进行"自由"的创造，此乃审美能力的最高层次。创造美的能力是指人们按照美的规律创造美的事物和美化自身的能力。① 创造美，不仅仅指艺术作品的创作，美育的目标也非仅培养艺术家。创造美的过程耦合于日常生活的每个细节，除了艺术之外，还表现在环境美化、产品设计、文化活动、服饰美容等多个方面，甚至在人与人之间的各种交往中，都存在着一个如何按照美的规律来表现美、创造美的问题。对于大学生创造美的能力培养，应在树立高尚的审美观的基础上，鼓励学生在实践活动中把握和遵循客观事物"美"的内在规律，用创造性思维去美化自身和客观世界。

（三）辅德、启智、益体、助劳，以美陶冶完满身心

2019 年 4 月 20 日，教育部部长陈宝生在全国学校美育工作会议上指出："学校美育工作是党的教育方针的具体载体。德智体美劳彼此不是互相分割、机械堆积，是一个辩证的、有主有从、相辅相成的关系，都服务于培养合格的建设者和接班人，培养全面发展的人。"从中不难发现，新时代高校美育的培养目标已不仅限于对审美观与审美能力的培养，还在于"美"中寓教，以美辅德、以美启智、以美益体、以美助劳，陶冶道德情操，提升精神境界，完善人格塑造，有益身心健康，成就理想的全面发展的人。

鲁迅曾说："美术可以辅翼道德。美术之目的，虽与道德不尽符，然其力足以深邃人的性情，崇高人之好尚，亦可辅道德以为治。"任何美的事物都能发挥"辅德"的作用。从某种程度说，道德是社会成员共同制定并遵循

---

① 参见王滢：《大学美育》，电子科技大学出版社 2017 年版，第 10 页。

的行为准则和规范，也是判断善恶的标准。审美活动往往能激起人的情感体验，使人在精神愉悦的享受中得到"善"的教化。美育以美陶冶情操，使"生物的人"上升为"社会的人"，通过美育，能培养人健康而高尚的情感，从心理上形成符合整个社会道德准则的心理定向，人们才能自觉向"善"的方向追求，从而不断完善自我的人格。古人云："知之者不如好之者，好之者不如乐之者。"苏霍姆林斯基曾说："美是人的道德财富的源泉。"席勒也认为："道德的人只能从审美的人发展而来"，"人必须从单纯物性的境界，通过审美的境界，而达于道德的境界。"[1] 美育在引人向善上所能发挥的作用毋庸置疑，对于高校德育的辅翼作用也是显而易见的。高校美育用优美动人的艺术形式，让大学生接受生动的思想道德教育，洗涤其灵魂，净化其心灵，促进其政治素养、道德面貌和思想情感的健康发展，从而使其筑好精神底座，树立正确的世界观、人生观和价值观。

雨果曾说："开启人类智慧的钥匙有三把：数学、文学、音乐"；柏拉图也说："美不仅是悦人的幻想，而且是达到真理的必由之路"；爱因斯坦专攻数学和物理专业，同时他还是一名出色的小提琴手，他曾说过："如果没有早年的音乐教育，无论哪一方面，我都一事无成"；中国地质力学的创立者李四光不仅是著名的地质学家，还是教育家、音乐家，据上海音乐学院教授陈聆群考证，中国第一首小提琴曲《行路难》就是李四光在巴黎留学期间创作的。足以见得，以美启智在高校人才培养中的重要意义。丹纳在《艺术哲学》中提到，人类把握世界一共有两条路，第一条是科学，第二条是艺术。智育和美育在培养大学生认识世界、改造世界的能力上是一致的，并且美育调动人的心理能力，为充分发挥智力创造了主观条件。高校人才培养通过审美教育和实践活动，开阔大学生的视野，促进其对客观事物和主观世界的感知、记忆、联想和想象，加深他们对客观世界和主观世界的认识，从而提升观察力、想象力和创造力，促进大学生智力的发展、综合素质和能力的提高。

---

[1] 席勒：《美育书简》，中国文联出版公司1984年版，第113页。

人之根本是身心健康，此乃高校人才培养的基础。在高校人才培养过程中，美育应当起到健体怡情的作用，助力学生强健体魄，养成健康心理。美育促进学生对于人体形态美和运动美的欣赏和认识，增强学生体育锻炼的意识，在体育锻炼中享受乐趣、增强体质、健全人格、锤炼意志。同时，美育促进学生对自我形象以及生活环境的美化，有助于培养学生积极乐观的心理状态，促进其身心健康发展。

"劳动创造了美"，劳动教育与美育天生是密不可分的。高校美育应促进大学生培养正确的劳动价值观念、劳动态度、劳动习惯，从而使其在劳动中获得身心解放的美感，创造和追求幸福。高校美育在提高大学生审美素养的同时，还应培养他们将健康向上的审美趣味、审美格调和审美理想运用到劳动创造的全过程，达到和合共赢的积极效果，并让学生在劳动中发现自然之美、生活之美、文化之美和心灵之美。

二、大学生美育培养指标体系的《红、蓝、黄构图》[①]

美育的重要性是不言而喻的，对于大学生来说，美育是沟通科学与人文的桥梁，是感性与理性的统一，在提升自身综合素养方面发挥着一般的教育形式所不具备的功能。那么，对一名大学生而言，到底应该具备哪些素养，才可以说自己懂"美"呢？

高校美育旨在引导大学生树立正确而高尚的审美观，培养学生感知美、鉴赏美、创造美的审美能力，并以美辅德、以美启智、以美益体、以美助劳，不仅提升大学生的审美素养，还能潜移默化地影响人的情感、趣味、气质、胸襟，激励人的精神，温润人的心灵。美育与德育、智育、体育、劳育相辅相成、相互促进。基于高校美育的培养目标，我们构建了高校美育培养指标体系，共包含 2 个一级指标和 8 个二级指标，如表 6 所示。

---

① 《红、蓝、黄构图》，系荷兰著名画家蒙德里安作于 1930 年的几何抽象风格的代表作之一。

表6 高校美育培养指标体系

一级指标	二级指标	指标阐释
显性审美素质	审美观	从审美的角度对世界和人生的看法，是人的世界观、人生观的重要组成部分，其核心是审美理想和审美标准
	审美感知力	获取美的规律的一种内在动力、敏锐洞察力，以及应和审美对象所激发的审美情感的能力
	审美鉴赏力	基于审美观和文化修养，对各种现象中美的特征进行美或丑的鉴别、欣赏、评价的一种认识和理解能力
	审美创造力	在审美中遵循美的本质与规律能动创造美的能力，来源于人的社会实践、审美实践和对这些实践经验的总结，是在把握美的规律和学习、借鉴前人审美经验、创造经验的基础上加以概括、提升的结果
隐性审美素质	以美辅德	用优美动人的艺术形式，让大学生接受生动的思想道德教育，洗涤其灵魂，净化其心灵，促进其政治素养、道德面貌和思想情感的健康发展，从而使其筑好精神底座，树立正确的世界观、人生观和价值观
	以美启智	通过审美教育和实践活动，开阔大学生的视野，促进其对客观事物和主观世界的感知、记忆、联想和想象，从而提升观察力、想象力和创造力，促进大学生智力的发展、综合素质和能力的提高
	以美益体	健体怡情，促进对人体形态美和运动美的欣赏和认识，增强体育锻炼的意识，在体育锻炼中享受"美"，并有助于培养大学生积极乐观的心理状态，促进其身心健康发展
	以美助劳	促进培养正确的劳动价值观念、劳动态度、劳动习惯，将健康向上的审美趣味、审美格调和审美理想运用到劳动创造全过程，并在其中发现自然之美、生活之美、文化之美和心灵之美

这一高校美育培养指标体系中，第一层次的"显性审美素质"是基础标准，包括了审美活动的"总开关"——审美观；获取美、洞察美、应和美的审美感知力，鉴别美、欣赏美、评价美的审美鉴赏力，以及遵循美的本质与规律创造美的审美创造力。第二层次的"隐性审美素质"则是高校美育的延伸标准，也是新时代中国特色"大美育"体系的重要组成部分，强调德智体美劳"全面素质"的发展，以及美育对其他四育的辅助推动作用，其中包括以美辅德、以美启智、以美益体、以美助劳四个方面。

构建合理有效的美育培养指标体系，就如同绘制《红、蓝、黄构图》（蒙德里安，1930 年），需讲究结构的平衡、内里的平衡，更需考虑个体与集体的平衡，即美育在高等教育培养体系中的角色定位与功能。在高校培育"美"的过程中，不仅要让学生树立正确高尚的审美观，具备审美素养，能感知美、鉴赏美、创造美，更要以美育辅德育，以美育启智育，以美育益体育，以美育助劳育，真正用美的规律成就理想的全面发展的人。

第三节　美中寓教　育美于境——大学生美育培养实施路径

一、聚核育人，构美于穹，搭建培养美的框架

新时代的高校美育，其核心仍在"育人"，要以美育人、以美化人、以美培元。教育部部长陈宝生在《全面加强和改进新时代学校美育》的讲话中提到了美育的"8 个 1"密码，明确指出要始终贯穿一条主线：要把社会主义核心价值观贯穿于教育的方方面面，贯穿于育人的全过程、各环节。从国家、社会、个人三个层面推动社会主义核心价值观的培育和践行，做到美育生活化、生活美育化和教育审美化、审美教育化。由此可见，社会主义核心价值观将成为新时代中国特色社会主义美育观的价值导向，渗透于高校美育建设的任何维度，使其"育人"功能体现价值引领的作用。

一直以来，高校美育较多地着眼于艺术教育和校园文化活动，虽然艺术教育是高校美育的重要手段，但新时代的高校美育远不止于此。党的十八大以来，在习近平新时代中国特色社会主义思想的指导下，统筹兼顾的方法论也被运用到社会各个领域，在高等教育中所提倡的"三全育人""课程思政"等理念，均是统筹兼顾方法论在高等教育领域的具体体现，这也将影响新时代中国特色高校大美育观及其培养框架的顶层设计。2019 年，《教育部关于

第五章 施绘雕饰——大学生美育涵养之旅

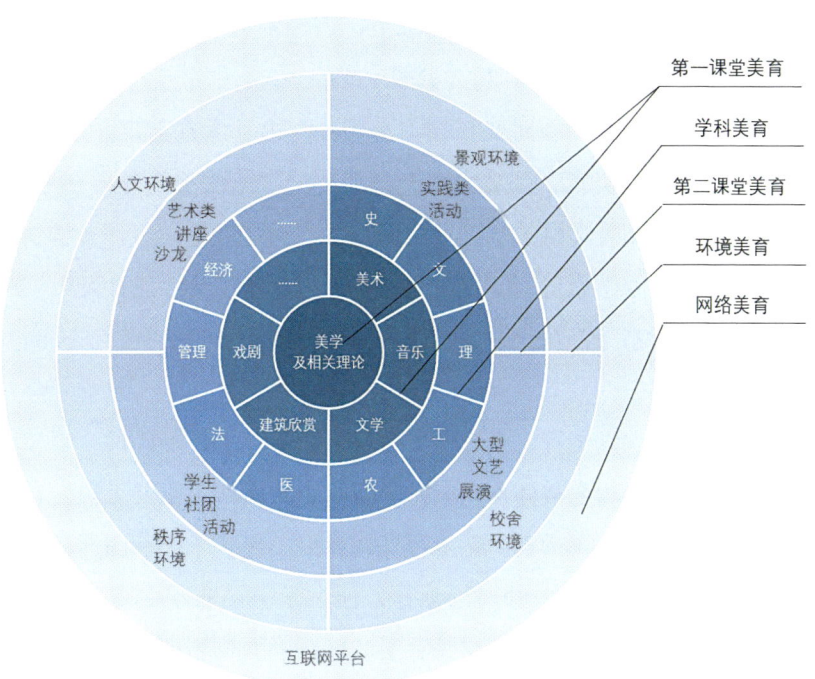

图13 "五大圈层"新时代高校美育培养框架

切实加强新时代高等学校美育工作的意见》中指出:"坚持面向全体。健全并不断完善面向人人的高校美育育人机制,让所有在校学生都享有接受美育的机会,促进德智体美劳有机融合。……坚持改革创新。全面深化高校美育综合改革,整合美育资源,全面提高普及艺术教育教学质量,切实推进专业艺术教育和艺术师范教育的改革发展,形成充满活力、多方协作、开放高效的高校美育新格局。"在这样的基本原则指导下,新时代的高校美育应当在全员全过程全方位育人理念的基础上,搭建多个维度、全域覆盖的,"五大圈层"高校大美育培养构架。(见图13)

从培养层次看,新时代高校美育可分为第一课堂美育、第二课堂美育、学科美育、环境美育、网络美育五大范畴。第一课堂美育又分为两个层次,一是以美学及相关学科的基础理论课教学,通过理论学习让大学生具备基本的与美相关的哲学素养,掌握鉴赏美的钥匙;二是开设包括音乐、美术、舞蹈、文学、戏剧等普及化的美育通识课,开阔大学生的视野,提高其审美和人文素养。

除了第一课堂美育,第二课堂也是高校美育的重要阵地。第二课堂美育当以校园文化活动为载体,以艺术教育和审美实践为主要手段,通过艺术展演、美育讲座、沙龙活动、艺术展览、各级学生艺术类社团活动等形式,开展丰富多彩、寓教于乐的高校美育,让大学生在活动中审美,在审美中成长。此外,美育元素如何与课外社会实践活动、创新创业教育有机结合,也是第二课堂美育值得思考的命题。

学科美育,或称课程美育,与"课程思政"有着异曲同工之处,是将美育渗透到各个学科当中,贯穿在高校专业课教学的全过程,需加强美育与德育、智育、体育的相互融合,与各学科教育和实践活动有机结合,深入挖掘不同学科所蕴含的丰富美育资源,并鼓励开展以美育为主题的跨学科教育教学活动,发挥各个学科专业教师的教学优势,形成与第一课堂美育、第二课堂美育协同育人的合力。

环境美育,主要指校园环境的美育功能,这里所说的"校园环境"分为软环境和硬环境,具体指文化环境、校舍环境、景观环境、秩序环境等。高校环境美育需通过软环境和硬环境的维护与经营，营造具有美感的校园文化氛围，推动大学审美环境的整体提升和大学审美文化的整体建设。环境美育应充分利用广播、电视、教室、走廊、宣传栏等媒介，将学校特色和文化、思想政治教育与校园景观、校园文化融为一体，将社会主义核心价值观、中华优秀传统文化基因通过校园环境的隐形传达，渗透进大学生的心田，以美感人、以景育人。

网络美育，顾名思义就是充分利用网络平台和信息化手段开展高校美育工作。高校美育应当结合"互联网＋"的发展形势，扩大优质美育资源的覆盖面，创新高校美育教学的内容与方法，加强基于移动互联网的美育学习平台建设。此外，高校网络美育应充分运用网络手段，营造格调高雅、充满朝气的校园网络文化，引导学生发现自然之美、生活之美、心灵之美。

二、神与物游，融美于校，拥有发现美的眼睛

"尽日寻春不见春，芒鞋踏遍陇头云。归来笑拈梅花嗅，春在枝头已十分。"美是什么？美是游弋于蓝天的几缕白云，美是偎依在枝头的点点梅花。所谓"一方水土养一方人"，环境对人的影响是潜移默化的，校园文化在高校美育中发挥着不可替代的环境美育的作用。校园文化主要包括两大方面：校园物质环境与校园精神文化。校园物质环境主要包括优美的校园景观环境、各类教学设施、丰富的图书馆藏、可口的校园饮食等，是校园文化建设的基础保障。校园精神文化主要包括优良的学习风气、健康高雅的文化活动、和谐友善的人际关系等，是校园文化建设的核心。"书声琅琅，缕缕清风，淡淡花香"令人陶醉，一个四处充满"美"的校园，能激发学生对"美"的感知，对"美"的好奇和对"美"的追求，让他们都拥有发现"美"的眼睛，倾听"美"的耳朵和感受"美"的心灵。

身处"美"的环境中的青年学子，如果你有心，一定不难发现在校园的角落常常会有"美"的惊喜。教学楼一侧人行道旁偶然间浮现出的一片绿化带，仿如春季里为我们编织着五彩斑斓的梦；亦或是树林间突然立起的一座

雕塑，给你带来焕然一新的视觉冲击；也许仅是几只刚出生尚在蹒跚学步的小奶猫，晌午间趴在路旁草丛中打盹儿，却令我们深深感受到人间的美好和温度。我们在生活中接受着美的熏陶，可以发现许多琐碎的细节都散发着生动而朴素的美。寝室是一个能够很好地展现"美"、创造"美"的平台。对于在校大学生而言，寝室如家，是我们每日生活的空间。寝室环境的重要性不言而喻。拥有一个美丽整洁的寝室，是生活品质提升的基本要求，必然也是时时刻刻感受"美"、体悟"美"的好机会。各大高校每年定期举行的"最美寝室评选活动"每一次都会让彼此大开眼界。"原来寝室还可以变得这么美！"这种感叹来自美的发现。一句由衷的赞誉化成行动，将"美"创造在寝室、教室、实验室、校园等处。校园里从不缺少美，只是缺少善于发现美的眼睛。

除了物质层面的校园环境，校园文化建设也是高校美育培养的重要环节，校园文化建设能让学生通过视觉积累，提升对"美"的认识和感知。例如，依托一些艺术类的社团，开展以演出形式呈现的活动，让大家充分感受民间艺术与古典艺术的碰撞；也可以让一些广受同学们欢迎的老师们给大家传授实用的生活技巧，如手机摄影以及化妆教学、穿着礼仪等；还可以开展一些互动讲座形式的中国传统文化普及活动，通过讲述文学经典、教授剪纸艺术、讲解围棋的基本知识等方式，了解中华传统文化艺术。

曾获得全国高校第三届"礼敬中华优秀传统文化"示范项目的同济大学校园版歌剧《江姐》，其足迹走遍了北京、上海、成都、宜宾、井冈山等地，观众逾2万人次。"能把生命献给无产阶级革命事业，我感到无上地光荣！"江姐铿锵有力的念白让台下无数师生潸然泪下；"红岩上，红梅开，千里冰霜脚下踩，三九严寒何所惧，一片丹心向阳开"，这首经典而富有力量的《红梅赞》已经烙印在青年学子的心间。优秀的校园文化艺术作品教化的不仅是台下的观众，对"身在其中"的演员更是一种精神洗礼。"江姐"的扮演者之一同济大学艺术与传媒学院的本科生贾童谣说，排演过程中遇到了许多困难，也曾畏惧退缩、对自己产生质疑，是江姐给予她力量，使她成为勇敢的有责任和担当的新时代青年。《江姐》带给人的强烈精神震撼，真正让

第五章 施绘雕饰——大学生美育涵养之旅

图 14　同济大学校园版歌剧《江姐》

爱党爱国教育内化于心、外化于行。通过此类演出以及其他形式形成了深层次的文化符号和精神支柱，以喜闻乐见的形式融美于学，在美育中弘扬中华优秀传统文化，以"润物细无声"的方式提升高校美育的针对性和有效性。

三、系统学习，寓美于教，掌握鉴赏美的钥匙

放眼全球，教育发达国家都很重视高校美育。以美国为例，美学教育思路是哈佛大学通识教育的传统，对美国高等教育产生了持续深远的影响。哈佛大学的通识教育计划将学生需要学习的领域进行划分，从审美与阐释理解、文化与信仰等方面对学生进行美学教育。日本近年来将自然科学、社会科学和艺术科学并称为三大科学，许多综合性大学都面向全体学生开设了艺术教育方面的课程，通过文学、音乐、美术等艺术手段培育、塑造完善人格。[①] 例如，早稻田大学视人文艺术为培养完善人格的必要手段，以"面向全民，促进人的全面发展"的理念为教育目标，为全校学生开设外语、艺术理论、艺术史、哲学等人文艺术类的基础课程，力求培养学生具备思辨能力，促进多元语言文化和价值观念的融合，全面提升学生的审美和人文素养。教育目标不局限于对艺术专业人才的培养，而是要激发学生对艺术背后思想、文化的思考，注重艺术对人的创造性和人的全面发展所起到的积极影响。

"美育"并不是一门新兴学科，从学科特性看，美育属于交叉学科，既是教育学的一个重要分支，又与美学关系密切，涉及教育学、美学、心理学、哲学、社会学等诸多内容。而高校实施美育的基础环节在美育教学，美育教学的核心在美育课程体系的建设。学生只有通过系统课程的美育教学，才能了解美的内在本质与规律，才能树立正确而高尚的审美观，才能为审美鉴赏打下深厚的文化基础。

目前，第一批00后已经进入高校，如何通过课堂教学，有效地将"美"

[①] 参见韩聘：《日本高等艺术教育的特点、经验及启示》，《黑龙江高教研究》2018年第12期。

的种子在他们心中播撒与根植，是新时代美育培养的重要命题。其一，在教学内容方面，应做到"因事而化、因时而进、因势而新"。高校本身肩负着文化传承的重要使命，美育课程可选择经典的传统文化艺术作品作为教学内容，让学生在其中汲取精神力量，增强学生传承弘扬中华优秀文化艺术的责任感和使命感。同时，美育课程还应把握时代发展的趋势，不断传承创新，在贴近学生需求的前提下，选取符合时代主旋律的美育内容。其二，在教学方式的采用上，单纯口口相传的授课已经无法吸引学生的注意力，教师可借助多媒体、信息化等多种教学手段，做到传授与激发相结合，助力学生更好了解"美"、理解"美"、鉴赏"美"，并将所学关于"美"的知识运用到审美实践中。其三，加强美育与其他学科的融合，挖掘不同学科所蕴涵的丰富美育资源，充分发挥语文、历史等人文学科的美育功能，深入挖掘数学、物理等自然学科中的美育价值，形成课堂教学、课外活动、校园文化的育人合力。

对于大学生而言，走入美育的课堂，进行系统学习是必不可少的。没有系统化地学习，大学生只能做"美"的门外汉，而无法真正走近"美"、走入"美"，从心灵中感受到美育的价值与作用。艺术教育作为美育中的重要部分，过去常被认为是培养"艺术精英"的教育。更多人认为艺术尤其是高雅艺术乃"阳春白雪"，是离自己的生活非常遥远的东西。这种现象的产生很大程度上是由于教育内容与实际生活脱节。因此对于高校而言，通识教育和专业教育应双管齐下，美育课程的设置应以通识教育课程和大类基础课为主的"大通识"教育为支撑，并通过通识课向高年级拓展，专业课向低年级延伸，实现从通识教育到专业教育的平顺过渡。通过多层次、多维度、多学科的资源整合，促进美学与专业知识融合，围绕鉴赏能力教育和审美体验教育，培厚高校美育的土壤。

"一切艺术都趋向于音乐，这句话一点没错。通过选修这门课，平时我的学习压力减轻了很多不说，通过老师对音乐的基本知识还有和其他艺术形式的融合等方面内容的讲解，现在我再也不是原来的艺术'大老粗'了。"来自软件学院的宋同学口中的"这门课"就是同济大学自 2015 年起创设的全校公共通识选修课"星期音乐会"。这门课程邀请国内外知名演奏家为全校师生进行高品质乐曲演绎，营造学校音乐熏陶培养浓厚氛围，已经有超过千名学生通过选修这门课程，提高自己的艺术素养。民乐合奏、舞蹈表演、美术欣赏、影视欣赏、艺术品鉴等艺术类通识选修课，让越来越多的学生渐渐走近艺术、爱上艺术、读懂艺术，从中汲取丰富的精神养分，达到大学生美育培养的目的。

四、躬行实践，创美于业，具备创造美的能力

宗白华在《美学与意境》一书中曾经说："把我们的一生生活，当作一个艺术品似的创造。"可见，每个你都是创造美的艺术家，要将你的生活变得像艺术品一样精致、整饬、和谐、优美，这就需要将自己对于美的认识与感知化为行动力，在生活中进行实践。

陆游在诗中说："纸上得来终觉浅，绝知此事要躬行。"新时代的大学生不再是"两耳不闻窗外事，一心只读圣贤书"的读书郎，应是面向未来、面向社会全面发展的人才，课外的审美实践活动已成为实现高校美育培养目标的重要途径和平台。

随着我国综合国力的增强和人民生活水平的提高，高校拥有了越来越多优质的美育资源，让学生有进一步接触、鉴赏甚至参与到审美实践活动的机会。例如，通过开设"高雅艺术进校园"的活动，邀请各级戏剧团、舞蹈团、歌剧团、交响乐团等各类专业艺术团体进高校演出，依托国际艺术节、国际音乐节、大型艺术展览等重大艺术活动，搭建多样化的艺术实践平台，提升学生对艺术的感知力和鉴赏力，通过学生与大师、大家同台演艺，在进行艺术实践的同时，激发其对"美"的创造力。例如，浙江大学长期致力于打造文化艺术品牌，每年的春夏学期是浙江大学艺术季，包括演出、讲座、沙龙、工作坊、作品展、艺术小旅行等多种形式，使大学生有更多的机会去感受艺术魅力、参与艺术实践。在实践中大学生的主体性、参与感和获得感被充分激发，完善主体的审美价值，陶冶高尚的道德情操，培育深厚的民族

情感，激发想象力和创新意识，促进对美的理解、把握和运用。又如，同济大学建立了国家大学生文化素质教育基地、教育部中华优秀文化艺术传承基地（京、昆）、上海大学生戏曲艺术教育实践基地和图书馆"闻学堂"等，为学生提供了学习和传承中华优秀传统文化艺术的有效途径和平台，大力推进文化导向引领、文化环境培育、文化载体支撑、文化影响传播四大平台建设，让"同舟共济"的同济精神、"与祖国同行、以科教济世"的使命担当、"脚踏实地、仰望星空"的行为标准成为影响每一代同济学子的文化标识。

高校美育的课外实践活动不仅局限于校园内，还应走向社会，在丰富多彩、形式多样的社会实践中体现美育的内容和效力，让学生在社会实践过程中感知美、鉴赏美、创造美。例如，同济大学组织学生开展主题为"城市徒步——走出你的地图"关于建筑、城市、文化、历史之旅的发现探究活动，鼓励学生走出校园，用徒步的形式去丈量城市的尺度，触摸城市的肌理，发现其背后深刻的文化底蕴，并用心去阅读鳞次栉比的建筑，发现细节的美妙和那些建筑背后的动人故事，并以绘画、摄影、文字、视频等形式记录下来，让学生在深入了解城市文脉的过程中发现美、记录美，并以自己的方式创造美。

与此同时，在高等教育深度国际化的今天，美育实践活动中的全球视野也尤为重要，越来越多的高校在美育国际化实践方面进行着多方位的探索。你或许听说过，学校艺术专业的学生和艺术团的同学到海外多地演出，在孔子学院的表演受到了极大的好评；学校开设了海外的暑期学校课程，学生实际去纽约、佛罗伦萨、米兰、巴黎等多地调研，第一课堂和第二课堂联动，在亲身体验与实践中受益匪浅；学校的这些项目正吸引着越来越多的非科班出身的同学加入其中，通过各种各样的对外交流渠道和活动平台，在创造自己丰富美好的校园生活的同时，更广地见识到不同国家的优秀文化艺术作品和文化艺术氛围，更多地参与到传播中华优秀传统文化、加强国际人文交流合作中，更快地提升学生艺术修养去创造美的生活。由此可见，海外美育培养的重要性不可小觑。

有一句关于教育的名言这样说："教育的本质意味着，一棵树摇动一棵树,一朵云推动一朵云,一个灵魂唤醒一个灵魂。"美育的根本目的在于涵养美的心灵、养成美的人格、塑造美的灵魂。生活中没有美的存在就会索然无味,美应当成为高校大学生学习生活中的必备调味剂。愿此刻读到这里的你能学懂艰深繁琐的课业,也拥有诗情画意的浪漫;愿你能理智清醒地看待现实,也能天马行空地畅想未来;愿你走出结构力学、高等数学、统计分析等课堂,从学校精心准备的艺术课程"大餐"里找回属于你的艺术天分;愿你摆脱单调灰暗的重复生活的束缚,拥有一双善于发现美的眼睛;愿你抛弃"我与美无关"的想法,成为生活中创造美的艺术家;愿我们每个人都有自己心中的"小王子",对世界之美永远抱有好奇心与想象力。新时代,你的同伴们正在越来越"美",快来加入,遇见最好的自己吧!

第六章

营楼筑宇
——大学生劳动教育之方

2016年7月，习近平总书记来到宁夏进行调研考察，他站在黄河千百万年来冲积而成的银川平原，北望"塞北江南旧有名"的贺兰山，南望"红旗漫卷西风"的六盘山，历史风云犹在，今已换了人间，他感慨地指出，"社会主义是干出来的，我向为社会主义大厦添砖加瓦的所有建设者、劳动者表示敬意！"数十年奋力摆脱贫困，立志打赢脱贫攻坚战，中国大地上处处都有劳动者的身影。

社会主义是干出来的，我们脚下的这片新天地，我们正拥抱的这个新时代，都是干出来的，是靠我们的艰苦劳动创造出来的！世界因劳动而美丽，没有劳动，就没有丰衣足食，就没有安居广厦，就没有人类的一切。劳动早已融入我们的血液，伴随着劳动的呼吸，我们实现人生的磨砺和成长。

在向着中华民族伟大复兴中国梦阔步迈进的过程中，劳动是永世不竭的动力之源。大学生作为新时代的建设者和接班人，要实现德智体美劳全面发展，劳动教育是贯穿德智体美培养的每一个环节的，是伴随大学生人生巨厦营楼筑宇的全过程的。通过劳动教育，大学生能认识到劳动是伟大的，劳动者是伟大的，伟大的劳动催生美好的世界。只有掌握丰富有效的劳动技能、参与劳动实践、投入创造性劳动，才能成就出彩人生。

第一节　日用而知　人之为人：大学生劳动教育的内涵与意义

一、贯穿个人和人类发展全生命周期：劳动和劳动教育的内涵

（一）劳动，人的本质

日出而作。自古及今、由中而外，从人类诞生的那一天起，一个"作"字即点出了人的本质——劳动，自此，劳动和人的一生、人类的生息水乳相融，人们日日劳作而知。

古有《诗经》的《国风·周南·芣苢》："采采芣苢，薄言采之。采采芣苢，薄言有之。采采芣苢，薄言掇之。采采芣苢，薄言捋之。采采芣苢，薄言袺之。采采芣苢，薄言襭之"中对采摘、收集车前子的劳动的描写与歌颂；今有因智力劳动的投入，带来人工智能的迅猛发展，劳动须臾不离人类左右。既要知道劳动的时刻存在，更要明白劳动究竟是什么。

劳动是创造物质财富和精神财富的人类实践活动。新中国成立70年来，祖国大地上的沧桑巨变是对劳动创造财富、创造美好的最佳诠释。回首70年，据国家统计局数据显示，从建国初期国内生产总值仅679亿元，到近3年，经济总量连年跨越70万亿、80万亿和90万亿元大关，2018年达900309亿元，占世界经济比重近16%，居世界第二。外汇储备余额2018年末为30727亿美元，连续13年稳居世界第一。制造业增加值从2010年起稳居世界首位，200余种工业品产量位居世界第一。2018年末，铁路运营里程达13.1万公里，较1949年末增长5倍，其中高速铁路2.9万公里，占世界高铁总量的60%以上。一串串的骄人数字、数不清的世界第一，是由一个个辛勤劳动者共同创造的，劳动造就这人类史上最为感天动地的伟大华章。

劳动的伟大是劳动者创造的，劳动者是最美的人、最可爱的人、最值得尊敬的人。习近平总书记曾历数中国共产党领导中国人民在革命、建设、改

革的征途中，所涌现出来的劳动模范和先锋代表。革命战争时期，有"边区工人一面旗帜"赵占魁、"兵工事业开拓者"吴运铎、"新劳动运动旗手"甄荣典等劳动模范；新中国成立后，涌现"高炉卫士"孟泰、"两弹元勋"邓稼先、"知识分子的杰出代表"蒋筑英、"宁肯一人脏、换来万人净"的时传祥、"宁肯少活20年，拼命也要拿下大油田"的王进喜等先进典型；改革开放历史新时期，又有"蓝领专家"孔祥瑞、"金牌工人"窦铁成、"新时期铁人"王启明、"新时代雷锋"徐虎、"知识工人"邓建军、"马班邮路"王顺友、"白衣圣人"吴登云、"中国航空发动机之父"吴大观等劳动模范和先进工作者。他们或以"新的劳动态度对待新的劳动"，积极参加义务劳动，全力支援前线斗争，带动群众投身人民解放事业；或是自力更生、奋发图强，激励各族人民意气风发投身社会主义建设事业；或干一行、爱一行、专一行、精一行，积极投身改革开放和社会主义现代化建设事业。他们为国家和人民建立了杰出功勋，他们都有一个共同的名字——劳动者，他们是浩浩荡荡历史长河中最闪亮的星。

劳动造就历史，造就人的本身。恩格斯指出："劳动是整个人类生活的第一个基本条件，而且达到这样的程度，以致我们在某种意义上不得不说：劳动创造了人本身。"① 当人类的祖先从洞穴走出来，从树上来到地上，从四肢着地到直立行走，从使用简单石器到手持棍棒围捕追猎，人开始学会使用工具进行劳动，逐渐成为万物之灵。在每一次投入劳动、产生社会财富的同时，人们也锻炼了自身能力、实现了在知识方面的不断增长，这个过程和每个人终生相伴。

人们一生参与的劳动各有不同，但所有劳动不论是简单还是复杂，是体力付出还是脑力投入，都是人们身心的倾注、辛勤的付出，都是最光荣、最崇高、最伟大、最美丽的。2019年新年来临之际，习近平总书记既向为实现嫦娥四号探测器成功发射、第二艘航母出海试航、国产大型水陆两栖飞机水上首飞、北斗导航向全球组网迈出坚实一步等贡献智慧和力量的每一位科

---

① 《马克思恩格斯选集》第3卷，人民出版社2012年版，第988页。

学家、工程师、"大国工匠"、建设者和参与者致敬，又向快递小哥、环卫工人、出租车司机等美好生活的创造者、守护者道了一声辛苦。劳动没有高低贵贱之分，劳动值都得崇尚，千千万万的劳动者都值得尊重。

（二）不再是传统的洒扫庭除：劳动教育内涵

中国历史上，春秋时代即有"故圣人作，诲男耕稼树艺，以为民食"、"四体不勤，五谷不分，孰为夫子？"的认识，作为教育者，应当教会学生学会劳动、能稼穑、勤四体、分五谷。类似的劳动教育在世代中国人所信奉的"耕读传家"中得到彰显。除此之外，清人汪辉祖在批判"幼小不宜劳力"的观点时指出："欲望子弟大成，当先令其习劳。"曾国藩在教诲其子曾纪鸿的信中说："勤俭自持，习劳习苦，可以处乐，可以处约，此君子也。"朱柏庐治家格言第一句话是："黎明即起，洒扫庭除。"[①]历代大家的教育观点无不说明，劳动教育是中国传统社会教育中不可分割的一部分。

但是囿于中国传统社会是典型的农业文明，在劳动教育中更多的是传递授受农业技术技巧、为齐家修身所需要的洒扫庭除，通过"百业农为本，民以食为天"而认识劳动教育的内涵。

马克思则凭借其对人类社会发展规律的深刻认识，认为劳动的地位和价值体现在人类历史的开端和推动人类发展的基本动力上，劳动教育也被赋予更重要的内涵和意义。马克思提出："在社会主义社会中，劳动将和教育相结合，从而既使多方技术训练也使科学教育的实践基础得到保障"[②]，认为"生产劳动同智育和体育相结合，它不仅是提高社会生产的一种方法，而且是造就全面发展的人的唯一方法"。[③]

马克思主张的教育与生产劳动相结合的思想被确定为社会主义教育的根本原则。新时代劳动教育的核心内容主要是大学生通过参与一系列的理论和

---

① 陆信礼：《劳动教育应汲取传统智慧》，《中国教育报》2019年4月25日。
② 《马克思恩格斯选集》第3卷，人民出版社2012年版，第710页。
③ 《马克思恩格斯选集》第2卷，人民出版社2012年版，第230页。

实践教育，形成正确的劳动价值观，认识到劳动是创造物质世界和人类历史的根本动力，劳动、劳动者神圣光荣，认识到劳动是一切社会财富的源泉，按劳分配是合乎正义的分配原则，不劳而获、少劳多得是可耻不义的，认识到热爱劳动、参加劳动能实现个人的健康成长，不愿劳动、不爱劳动会阻碍个人的全面发展。①

当然，仅仅养成正确的"劳动价值观"还不是劳动教育的全部，劳动教育还在于使大学生具备一定的劳动技能，养成良好的劳动习惯，积极参与劳动实践，并更进一步做出创造性的劳动。一言以蔽之，劳动教育即大学生综合劳动素养的培育养成，以促进大学生的全面发展。②

劳动贯穿个人发展始终和成长的各个方面，劳动教育促进人的全面发展，和劳动教育融合在"德智体美"四育中是相统一的。正如《关于全面加强新时代大中小学劳动教育的意见》提出的，劳动教育具有树德、增智、强体、育美的综合育人价值。德育是为了培养提高大学生的道德修养和情操，而这些是需要通过劳动教育的实践落到实处的；智育也需要在社区服务、社会实践，以及劳动与技术教育等综合实践活动中不断提高；体育方面，劳动教育的实践和身心锻炼是相互渗透的；而美育具有的综合育人功能，是要以劳动教育的实践活动及其体验为基础的。劳动教育是身心和谐发展的实现途径和手段，是"四育"的基础。③

二、播撒劳动种子，让人类更美好：大学生劳动教育的意义

（一）劳动，人全面成长的源泉

大学生的全面成长，是德智体美劳五个方面的全面成长，而劳动影响到

---

① 参见胡君进、檀传宝：《马克思主义的劳动价值观与劳动教育观——经典文献的研析》，《教育研究》2018 年第 5 期。
② 参见檀传宝：《劳动教育的概念理解——如何认识劳动教育概念的基本内涵与基本特征》，《中国教育学刊》2019 年第 2 期。
③ 参见陈理宣、刘炎欣：《劳动教育与德智体美教育的基础关联和价值彰显》，《中国教育学刊》2017 年第 11 期。

大学生在德智体美四个方面的全面发展，是全面成长的源泉。

一个尊重劳动、诚实劳动的大学生，才能实现其德操修养的提高。每当面对外卖小哥风雨交加送来餐食时，能够发自内心、由衷地说一声："谢谢，您辛苦啦！"尊重他人劳动的同时，大学生应当具备的道德修养也得以体现。尊重他人的劳动成果，不抄袭、不剽窃，懂得通过付出自己的诚实劳动而获得相应报酬和认可，大学生的学术道德底线便守住了。

随着时代的发展，许多劳动技能和方法都被赋予浓厚的科技色彩，而在劳动技能的学习和实践中，大学生更能够认识到科技的全貌，知识和能力等智商也不断得以发展。劳动教育和智育是相辅相成的，以往总会听到一些大学生被形容成"高智低能"。究其原因，即在大学生的智育培养中，缺乏劳动实践的融入，"纸上得来终觉浅，绝知此事要躬行"，劳动让知识和能力落在实处并得以检验。

劳动教育对健康的影响自不用说，在具体的一项项劳动实践中，自身的身心健康将会不断提高。体力付出较多的劳动，促进大学生身体的新陈代谢，提高身体的免疫能力，相关的身体机能不断优化。而在劳动实践中，人与人的交往，锻炼着大学生的心理素质。每一次勇气的展现、乐观心态的彰显，都与劳动实践密不可分。

美是劳动创造的，每一件艺术品的产生、每一个文艺作品的诞生，劳动都是其背后的缔造之手。一切有关美的想象如果没有被谱成曲、构成图、凝成型都仅仅是想象，不能让自己和他人感受到生气勃勃的、真实存在的美好，而劳动则提供让美跃然纸上、形态齐备的能量，劳动教育给予大学生创造美的力量。

新时代的劳动教育融会于大学生德智体美充分发展的始终，要做到以劳立德、以劳增智、以劳强体、以劳塑美，五育之间相互融合，促进大学生全面发展。

（二）"爱劳动，为人民立功劳"

马克思说："任何一个民族，如果停止劳动，不用说一年，就是几个星期,也要灭亡,这是每一个小孩子都知道的。"① 的确如此,"爱学习、爱劳动、长大要为人民立功劳",大学生在儿时就在心中种下了努力劳动,为他人谋福利、为人民立功劳的种子。

劳动的过程也是造福他人的过程。同济大学自 20 世纪 50 年代城市规划系成立时,就将城乡一体化作为教学的核心思想之一,积极组织田野调查,引导大学生走向乡村建设一线,了解农村、服务农民。随着城镇化的推进,许多年来,同济大学师生先后联合华中科技大学、华南理工大学、深圳大学、山东建筑大学、沈阳建筑大学、安徽建筑大学、长安大学、苏州科技大学、大连理工大学等 10 余所大学的同学,走进辽宁、陕西、安徽、江苏、云南、广东、内蒙古、山东、青海、上海、浙江、四川、贵州等省、市、自治区,通过各类访谈、实地测量等手段,深入审视乡村空间变迁意义的同时,用专业知识为村民提供帮助,造福村民、助力乡村振兴。

生命不息,奋斗不止,劳动者的奋斗总能照亮他人追求幸福的道路。2018 年,港珠澳大桥正式通车,全长 55 公里,被称为"工程界的珠峰",是当今世界上最长的跨海通道,同济大学所做的工作主要集中在大桥最难的东西人工岛及隧道部分,啃的基本是"硬骨头"。在港珠澳大桥技术专家组 41 名中外专家中,有同济大学校友 11 人;在港珠澳大桥管理局建设期的 94 名员工中,有同济大学校友 10 人,90 多岁高龄的孙钧院士 30 多次深入大桥建设现场,为大桥建设排忧解难。2019 年 9 月,北京大兴机场正式投运,正式投运的背后,凝聚的是众多建设者的汗水和智慧。这其中活跃着不少同济人的身影。据不完全统计,在大兴机场建设过程中,同济大学直接承担相关的重要研究课题 6 项,其中进度管控团队为保障机场按期建成和投入运营作出了突出贡献。

亿万劳动者和同济师生一样,都在不同的岗位上,默默付出、奉献,通过自己的劳动、智慧、汗水给予他人便利、幸福和美好。

---

① 《马克思恩格斯选集》第 4 卷,人民出版社 2012 年版,第 473 页。

（三）用劳动托起中国梦

新中国成立以来，始终坚持劳动和教育相结合是实现教育为人民服务的基本保证，是确保社会主义教育性质与方向的基础，是培养社会主义建设者和接班人的重要途径。这与劳动促进国家发展、社会繁荣的重要意义密不可分。

毛泽东同志指出："社会主义制度的建立给我们开辟了一条到达理想境界的道路，而理想境界的实现还要靠我们的辛勤劳动。"[1] 邓小平同志明确："科学技术是第一生产力"，指明在劳动教育过程中要加强技术成分的教育，以更好地提高劳动者素质，促进生产力的发展和国家的进步。江泽民同志强调要加强对劳模的学习，认为："全国劳动模范和先进工作者，是亿万劳动群众的杰出代表。……在平凡的岗位上作出了不平凡的业绩，是建设社会主义物质文明和精神文明的先锋"[2]。胡锦涛同志强调："成就任何一项伟业都离不开劳动。要实现全面建设小康社会，进而基本实现现代化的宏伟目标，必须依靠全体人民热爱劳动、勤奋劳动"[3]。党的十八大以来，习近平总书记站在新的历史起点上，更是呼吁全国各族人民要以劳动托起中国梦，他强调："引导广大人民群众树立辛勤劳动、诚实劳动、创造性劳动的理念，让劳动光荣、创造伟大成为铿锵的时代强音"[4]。

在劳动教育的具体实践过程中，要深刻认识当下世界的复杂多变，培养出能够胜任现代化建设要求的新时代劳动者，如此中华民族才能以更加昂扬的姿态屹立于世界东方，这也是新时代劳动教育对于国家、民族发展的重要使命和意义。在这个高精尖科技和创新成为核心竞争力的时代，现代化实践

---

[1] 《毛泽东文集》第七卷，人民出版社 1999 年版，第 226 页。
[2] 江泽民：《在全国劳动模范和先进工作者表彰大会上的讲话》，《人民日报》2000 年 4 月 30 日。
[3] 胡锦涛：《在 2010 年全国劳动模范和先进工作者表彰大会上的讲话》，《人民日报》2010 年 4 月 28 日。
[4] 习近平：《在庆祝"五一"国际劳动节暨表彰全国劳动模范和先进工作者大会上的讲话》，人民出版社 2015 年版，第 4—5 页。

过程中的劳动凸显的是科学技术的色彩,追求创新的价值取向,操作尖端科学技术、作出重大科研创新是现代劳动最鲜明的特征。

面对现代化的要求和挑战,劳动教育在培育大学生热爱劳动、尊重劳动的基础上,需要从源头上培育大学生认识现代化劳动的相关含义,革新思想,使大学生这一鲜活的力量能够跟上时代的脚步,在更好选择、发展、创造适合自己的劳动生涯的同时,成为中华民族的一个个奋斗和创新因子,让探测月球背面、大飞机翱翔蓝天、港珠澳大桥飞架三地、海水稻规模种植等更多更好更优质的劳动成果造福祖国。

2018年9月10日,习近平总书记在全国教育大会上特别强调了劳动教育的重要性,强调要在学生中弘扬劳动精神,教育引导学生崇尚劳动、尊重劳动,懂得劳动最光荣、劳动最崇高、劳动最伟大、劳动最美丽的道理,长大后能够辛勤劳动、诚实劳动、创造性劳动,接受劳动教育,能够崇尚劳动、尊重劳动、辛勤劳动、诚实劳动、创造性劳动的大学生才能成为实现"两个一百年"奋斗目标和中华民族伟大复兴中国梦的德智体美劳全面发展的社会主义建设者和接班人。①

三、大学生劳动和劳动教育现状

(一)大学生劳动价值观、劳动意愿,"心上知"的表现如何?

当前大学生普遍具有积极正确的劳动价值观。一项有关大学生劳动价值观的调查显示,83.8%的学生认为"劳动是获取财富和幸福的主要方式"、91.53%的学生赞同"劳动最光荣、最崇高、最美丽"、87.76%的学生赞同"不劳而获是可鄙的、可耻的"②。可见,绝大多数大学生对劳动有正确的认知。

但部分大学生的劳动价值观也存在劳动观念淡薄、劳动价值模糊等现象。部分大学生受传统社会脑力劳动优于体力劳动的认识影响较深,认为劳

---

① 参见张烁:《坚持中国特色社会主义教育发展道路 培养德智体美劳全面发展的社会主义建设者和接班人》,《人民日报》2018年9月11日。
② 简超宋、张永红:《大学生劳动价值观现状及提升路径》,《高校辅导员》2019年第4期。

动有着优劣之别。从孟子的"劳心""劳力"之分,到"士农工商"四个层次的划分,再到"万般皆下品,惟有读书高"被奉为圭臬,体力劳动和脑力劳动之分,以及脑力劳动优于体力劳动的认知在中国传统社会可谓根深蒂固,认为和披星戴月、荷锄而归比起来,秉烛夜读、游吟深思更加重要,更加值得当作人生追求。受这一认知影响,部分大学生存在把劳动分成三六九等的不正确认知,还有一部分大学生嘴里常挂"佛系""都行""没关系""可以";公共课不愿意上、专业课不认真听,考试来临之际依靠"划重点""转锦鲤""拜考神"等法宝,心中虚构一番人生宏伟蓝图,却整天在宿舍睡懒觉,梦想永远只停留在梦里。①

还有部分大学生存在劳动意愿不强的问题,尤其不愿承担体力付出较多的劳动,现在的大学生很多都是"不知稼穑之艰难",没有体验过农民"面朝黄土背朝天的艰辛"。部分大学生成长在家长包办一切家庭劳动的环境中,"衣来伸手,饭来张口"的"少爷、公主"习惯早已养成。而上了大学后,随着社会生产力的发展、服务业服务品质的不断优化、人工智能制品的投入使用,足不出户就可以吃到已经剥好皮、切好块的水果,外卖常吃常新、从不重样送到寝室门口,洗衣服更是可以几个人合伙一起打包请阿姨帮忙清洗,连打电话、听音乐都可以交给 Siri、天猫精灵完成等。动动嘴、点点手机屏幕就完成了许多需要投入自己体力的活动。当然,诸如此类享受现代化生活带来的便捷无可厚非,但"一屋不扫何以扫天下",长此以往,安逸的生活让部分大学生变得怠惰,变得"肩不愿扛、手不愿提"。

更有甚者,一些大学生对于付出自己的思考以形成智力成果的劳动,也不积极参与。在部分大学生的交流群里,经常可以见到论文代写、论文代发等的广告通知,也有一些大学生利用金钱获得其他人的智力成果变为己有,还有一些大学生论文多用多投,诸如此类的现象都暴露了部分大学生不愿付出自己劳动的问题。有研究表明 33.9% 的大学生表示赞同"人生苦短,应及时行乐"的

---

① 参见李珂:《行胜于言:论劳动教育对立德树人的功能支撑》,《教学与研究》2019 年第 5 期。

"享乐主义"观点,消极的人生观在大学生群体中有不同程度的体现。①

(二)大学生劳动技能、劳动实践,"事上练"的功夫怎么样?

当代大学生普遍具备基本的劳动素质,能够完成生活所必需的劳动并积极参加社会实践。中国大学生思想政治教育发展报告显示,2014年至2017年,大学生参加社会实践意愿持续高涨,参加社会实践的行动也十分积极。数据显示,2017年有88%的受访大学生有参加社会实践的经历。

但也有部分大学生缺乏劳动技能和家庭生活劳动技能,一项调研显示,仅15.68%的受访者表示"经常做家务",63.31%的受访者表示"偶尔做家务",21.01%的受访者表示"不参与做家务"。而在做家务的动力上,66.64%的受访大学生表示是被迫做家务的,只有少数大学生自己主动要求承担家务劳动。当被问到"多长时间打扫一次寝室卫生?"时,68.05%的人表示"打扫寝室卫生的习惯不固定",2.96%的人表示"室友打扫,自己不参与"。② 这些调查结果反映出部分大学生缺乏劳动实践,没有养成良好的劳动习惯。此外,部分大学生没有熟练掌握基本的办公技能。现代社会的发展,对劳动力的劳动素质要求越来越高,从传统社会的懂稼穑、辨五谷,早已变成如今需要劳动者具备多种劳动技能,诸如利用信息技术手段、会操作各类办公软件、能够掌握各类公文写作技巧等。在投入实际工作前,许多大学生都认为这些技能自己手到擒来,可是在真正投入工作后,才发现远没有想象的那么简单,不少年轻人走入社会后适应期很长,劳动技能不足成为一个普遍的社会问题。

这也反映出大学生在学校期间参与劳动实践较少的问题,大学生活是自由的,部分同学往往只是"活在自己的世界里"——宅在宿舍里、生活在朋友圈里、专注电脑游戏、不参加社会实践,缺乏应有的劳动实践。

---

① 参见沈壮海、王晓霞、王丹:《中国大学生思想政治教育发展报告 2017》,北京师范大学出版社2018年版,第57—58页。
② 裴文波、岳海洋、潘聪聪:《高校大学生劳动教育的多维透视》,《学校党建与思想教育》2019年第2期。

（三）小学的"劳动课"到了大学去哪了？

想必不少 95 后、00 后的大学生在小学一二年级的时候，都会上一门劳动课或类似的动手实践体验课。而到了大学阶段，关于劳动教育的课程并没有明确地冠以"劳动课"的名称，而是通过大学的思政相关课程以及社会实践来进行大学劳动教育。

思政课程方面，通过对马克思主义基本原理、毛泽东思想和中国特色社会主义理论体系概论、中国近代史纲要、大学生思想道德修养等课程讲述，大学生可以学习到劳动形成人的本质，劳动和商品价值的关系，大学生要树立正确的劳动观、积极参与劳动、诚实劳动等内容。另外，通过形势政策课、大学生生涯规划课等，学习未来成为职业劳动者相关的就业指导和职业规划知识。而在实践性的劳动教育方面，主要包括勤工助学、志愿服务、就业实习、社会实践等形式，大学生通过这些实践性活动，能够掌握部分工作技能，锻炼实践工作能力，提高专业实务能力，认知社会并服务社会，实现个人的成长发展。

但大学劳动教育还存在一些问题。如在劳动教育的顶层设计上，缺乏系统科学的设计，没有将理论知识教育和实践参与有机整合并系统推进。与劳动相关的劳动价值观念、劳动知识技能等方面的理论教育，分散在不同的课程中，较为零散、不聚焦、不集中，缺乏体系。[①] 不能系统地帮助大学生形成正确的劳动价值观念，掌握必备的劳动知识技能。

劳动实践方面，表现在实践没有统一规划、缺乏考核标准。部分大学生在实践过程中，为了实践而实践，敷衍了事、完成工作即可，不考虑工作的质量、工作对人生成长会带来何种裨益，更不用说投入创造性劳动。还有少数大学生极少参加社会实践，往往只是迫于硬性指标和规定的完成，如此走过场式地参与劳动实践、浮于表面的劳动教育成效只能大打折扣。

---

① 参见徐溪远：《新时代大学生劳动教育研究》，硕士学位论文，西安理工大学，2017 年。

第二节 知情技行 劳而不伤:大学生劳动教育培养体系构建

一、爱上劳动:大学生劳动教育培养目标

大学生作为新时代的建设者和接班人,要通过劳动教育,实现习近平总书记所强调的,懂得劳动最光荣、劳动最崇高、劳动最伟大、劳动最美丽的道理[①],能够辛勤劳动、诚实劳动、创造性劳动。

(一)发现劳动之美

劳动教育能够教育大学生养成正确的劳动价值观,认知劳动的内涵和价值,发现劳动之美,进而提高大学生的劳动意愿,深化劳动情感,最终爱上劳动、尊重劳动、珍惜劳动果实、尊重劳动者。

认识到劳动是人的本质、劳动创造历史,就知识学习和理论认知层面,对大学生而言并不困难。因为课本上所了解到的对劳动的描绘,不论是物质层面的,还是精神层面的,往往是历史所沉淀的宝贵遗存,这些无疑是美好的。

而大学生关键要认识到自己和自己身边的劳动的伟大和可贵之处,发现其中之美。其实当我们打开朋友圈,当自己为朋友晒出的每一道美食、每一篇锐评、每一处景点,点下每一个赞时,都是对无数劳动成果的认可,但有的大学生只关注了劳动成果本身的美好,却忽视了其背后辛勤汗水和钻研思考的付出。劳动教育的目的,就在于启迪大学生发现美好事物背后的劳动之美,让发现劳动之美的眼睛无处不在、为劳动点赞的情感自然流露。

---

① 参见《习近平在同中华全国总工会新一届领导班子集体谈话时强调:竭诚服务职工群众维护职工群众权益,为实现中国梦再创新业绩再建新功勋》,《人民日报》2013年10月24日。

另外，尊重劳动要通过劳动教育，改变关于劳动有高低贵贱之分的不正确认识。在解放初期，刘少奇同志接见全国劳模时，紧握着掏粪工人时传祥的手说："你掏大粪是为人民服务，我当国家主席也是为人民服务，我们都是为人民服务，只不过分工不同而已。"朴实直白地道出了社会主义国家里劳动的真谛。认识到劳动没有高下之别，大学生在对待每一项劳动时，才能不厚此薄彼，才不会认为社会地位高、获得物质利益丰厚的劳动就是高尚的、值得追求的，而对体力付出多、物质回报低的劳动就嗤之以鼻、不予尊重。劳动无贵贱之分，每一双努力的手都值得尊重，劳动之美，美在实干。

（二）爱上劳动实践

认识劳动美好是为了更好地提升劳动意愿、爱上劳动、投入劳动。时下部分大学生对于劳动实践存在一些不正确的观念，如注重享乐、不劳而获、回家啃老等，长此下去，他们就会更加缺乏劳动意愿，甚至对未来参加工作、融入社会都会产生一定的抗拒情绪。这些问题的产生，是因为不少大学生只看到了劳动辛苦的付出，而没有体味到辛勤劳动后获得美好劳动成果的喜悦，这就需要通过劳动教育，让大学生积极参与劳动实践。

"不打无准备之仗"，参与劳动实践，就要具备丰富的劳动知识和劳动技能。任何一项工作和劳动内容，都有着其所需要的专业储备知识和相关技能，大学生通过劳动教育的培养，即可掌握相关内容。但"冰冻三尺，非一日之寒"，大学生要不断提高学习意愿和兴趣，才能获得更丰富的劳动知识和技能。随着时代的发展，关于劳动的知识和技能不断更新，大学生要学会终身学习，"活到老，学到老"，以把握不断更新的劳动知识和技能，从而更好地参与劳动实践。

从理论到实践，具备了丰富的劳动知识和技能，并不意味着能够成为劳动实践的佼佼者。"实践出真知"，大学生通过劳动教育，参与广泛的劳动实践，并通过劳动实践的反馈，深化自己对于劳动的认识，对需要补充的劳动知识和技能短板加以学习，再投入到实践中，由实践来检验。

通过劳动教育，大学生在劳动实践中要做到诚实劳动。孔子说："人而无信,不知其可也",人应当以诚为本,在劳动过程中,不抄袭、不窃取,不将他人劳动成果据为己有。在大学阶段学习中,尤其是在毕业论文和毕业设计的撰写和制作阶段,大学生尤其应当恪守学术规范、诚实劳动,既守牢自己劳动实践的底线,又尊重了他人的劳动成果。

劳动需要大学生全身心投入。劳动过程辛苦是必然的,不能因为辛苦就望而却步,要明白"宝剑锋从磨砺出"的道理。大学生通过劳动教育的培养,积极投入到劳动实践中,不论是科创实践、还是挂职锻炼,在一次次的实验中、在来来回回的奔波中,大学生经历了劳动的艰辛,便会更加珍视劳动成果的宝贵,同时也磨炼自己的品格和意志。一个全面发展的大学生就在如此不断的磨砺锻炼中成长起来。

当然,投入劳动要根据自己的身心状况,合理分配劳动强度和时间,这也是大学生劳动教育的重要目的。部分大学生在劳动实践过程中,往往不会合理分配劳动强度,一拖再拖,不到截止时间的最后一刻,绝不完成相关任务,导致在临近任务期限的前一天通宵熬夜完成任务,身心俱疲,而且劳动成果质量不佳,有的甚至返工,得不偿失。相反,如果安排科学,劳动适度,在投入工作中会得到事半功倍的效果。习近平总书记也劝年轻人不要老熬夜,要合理分配劳动强度,做到"劳而不伤"。如今,总会看见一些年纪轻轻的大学生,或者步入工作岗位不久的年轻人过劳死,这是每个人都不愿意看到的,因此需要在大学阶段,就学会合理分配劳动的强度和时间。

(三)学会创造性劳动

新时代的大学生正处在前所未有的人工智能浪潮中,要在未来立足,仅仅具备基本的劳动能力是远远不够的,因为随着简单劳动为各式各样的人工智能替代后,未来所需要的是人类更具创造力的劳动,创造性劳动会愈发成为人类的立身之本。不论是科技上的创新,还是文学艺术上的创造,都会成为大学生将来劳动生涯的主旋律,故而大学阶段的劳动教育要让大学生,充分地认识到创造性劳动的重要性,并学会和投入到创造性劳动中去,这也符合大学生个人成长的需要。

大学期间，尤其要注重创新性思维的培养，为创造性劳动做好准备。北京小米科技有限责任公司创始人雷军在武汉大学读本科时，偶然机会阅读了《硅谷之火》这本书，就此点燃了他的创造梦想，他认真学习计算机专业知识，有意识地培养自己的创新性思维，并和老师、同学合作开发了两款计算机软件，获得湖北省大学生科技成果一等奖，成为了他开启创造人生的起点。

通过劳动教育，大学生会深刻认识到创造性劳动不会让自己的生命变得枯燥乏味、一成不变、碌碌无为，因为创造性劳动到很大程度上是朝着自由劳动发展着的，大学生可以将自己的时间、兴趣投入到创造性劳动中，变成自己想成为的人，这就是劳动教育的魔法、创造性劳动的魅力，也是随着生产力的发展，必然王国向自由王国发展的客观规律。

毋庸置疑，投入劳动实践，关键是要让每个人的劳动能够造福更多的人，让其他人能够在自己的劳动成果中获益，以此实现自己的劳动价值，而创造、创新是点亮劳动生命、更大地实现劳动价值的关键。要知道每一次科技变革，都让更多的人从创造性劳动中获益。因而，帮助大学生积极参与创造性劳动，是大学生劳动教育的应有之义。

（四）劳动点亮未来

大学生劳动教育要帮助大学生形成正确的劳动价值观、明白劳动内涵、尊重劳动、爱上劳动、掌握丰富的劳动知识和技能，从而参与劳动实践、合理分配劳动强度和时间，积极投入到创造性劳动中去，这是一个相互影响、相互促进的过程。在这整个过程中，让大学生实现全面发展的同时，也能够造福人民、成就他人、点亮未来，这才切合劳动本身的意义。

大学生通过劳动教育，理论和实践融合，能够更好地辩证地认识自己、认识人生、认识人类，从而投入实践、改造世界。时下有一些大学生对人生感到困惑、迷茫，不知道人生的目标在何方、自己的努力应该投入何处，而劳动教育则会一针见血地告诉大学生，人生的价值在于认识世界和改造世界，劳动容纳贯通在认识世界、改造世界之中。在正确认知劳动本身并确定了自己的劳动兴趣、掌握了一定的劳动知识和技能后，就能够参与到广阔的劳动实践中。通过自己的劳动实践获得劳动果实，检验自己的劳动水平，并提升自己对世界、对自己的认知。在不断的劳动中，学会人生的取舍、看待世事的沉浮、提升生命的境界。

通过劳动教育，大学生会更加客观地看待自己创造的劳动成果，而不落入利己主义的陷阱。大学生通过自己的劳动获得劳动成果，并得到相应的报酬是应当的，但是如果大学生执迷于此，把自己的劳动当成获得利益的工具，那么这就是狭隘的、利己的。劳动成果要能够让更多的人获益，才能真正实现劳动的价值。"2018年大学生年度人物"北京大学博士研究生王绍鑫以"科技改变生活"为己任，把科研成果应用于治理大气污染，自己的专利技术已在山西、内蒙古等地落地，切实帮助改善了地方的生态环境，这便是劳动成果的最好利用方式。因此，劳动教育的真谛在于让大学生明白劳动是成就他人、成就社会的，只有为社会谋福利的劳动，才是真正体现劳动价值和意义的。

二、高素质劳动者的百宝工具箱：大学生劳动教育培养指标体系

在新的时代背景下，大学生劳动教育的目的在于实现大学生综合劳动素养的养成，那么，劳动教育的具体指标包括哪些内容？大学生要从哪些方面培养自己的劳动素养？我们先来看看学者们的研究成果。七要素说，有学者认为新时代劳动者素质至少应该包含态度、情感、人生观、习惯、知识、技能、能力七大要素。[①] 三要素说，有学者认为，劳动思想教育、劳动技能培育和劳动实践锻炼共同构成新时代高校劳动教育的三大任务。其中，劳动思想教育主要是培养学生的劳动情感态度和劳动品德；劳动技能主要是培育劳动知识技能；劳动实践锻炼的核心任务是使学生养成良好的劳动习惯。[②] 两层面说，有学者指出劳动教育要从观念层面和实践层面两方面来理

---

① 参见文新华：《论以新时代马克思主义劳动观为指导深入推进劳动教育》，《中国高等教育》2018年第21期。
② 参见曲霞、刘向兵：《新时代高校劳动教育的内涵辨析与体系建构》，《中国高教研究》2019年第2期。

解，具体在观念层面，要将社会主义核心价值观融入劳动教育全过程；实践层面响应创新创业的时代召唤，丰富劳动教育实践。① 还有学者认为，劳动价值观，包括确立正确的劳动观点、积极的劳动态度，热爱劳动和劳动人民等；良好劳动素养，包括劳动习惯、劳动知识与技能、创造性劳动等。② 综上所述，关于新时代劳动者综合素养的培养，无外乎劳动认知、劳动知识技能、劳动实践三个主要部分。

结合此类研究，联系大学生实际，笔者认为高素质劳动者集中体现在三个方面：劳动价值观方面，包括正确认识劳动、积极的劳动态度、优良的劳动品德；劳动知识技能方面，包括具备必须的劳动知识和劳动技能，以及掌握获取劳动知识和技能的方法；劳动实践创造方面，包括科学制定劳动计划、能够辛勤劳动、诚实劳动、创造性劳动、形成劳动习惯、学会适度劳动和维护权益、正确利用劳动成果，以及合理应用劳动实践过程中自己获得的相关反馈，促进劳动实践的进步和发展。（见表7）

表7 高校劳动教育核心指标体系

一级指标	二级指标
劳动价值观	劳动认知
	劳动态度
	劳动品德
劳动知识技能	劳动知识
	劳动技能
	获取劳动知识技能
劳动实践创造	制定劳动计划
	辛勤劳动
	诚实劳动
	创造性劳动

---

① 参见王连照：《论劳动教育的特征与实施》，《中国教育学刊》2016年第7期。
② 参见檀传宝：《劳动教育的概念理解——如何认识劳动教育概念的基本内涵与基本特征》，《中国教育学刊》2019年第2期。

续表

一级指标	二级指标
	劳动习惯
	劳动适度及维护权益
	劳动成果利用
	应用劳动反馈

（一）劳动价值观

劳动认知。正确认识劳动，形成劳动创造人、创造财富、创造世界、创造美好生活的观念，养成一种劳动最光荣、最高尚、最美好的价值理念，认识到就劳动本身而言并无优劣高下之分。

劳动态度。有充沛的劳动实践意愿，对于有所抗拒的劳动活动，在身心允许的条件下，可以克服抗拒心理，增加劳动意愿，有积极的劳动态度。

劳动品德。养成尊重劳动、尊重劳动者、尊重劳动成果的品德和素质，明确认识到勤奋、奋斗、团结、创新、奉献、诚信是必备的劳动精神，能够弘扬和践行该品德精神。

劳动价值观重在大学生正确认识劳动的内涵和意义，有积极的劳动态度。只有这样才能有更加积极的意愿和兴趣去学习相关的劳动知识和技能，从而更好地投入到劳动实践中。

（二）劳动知识技能

劳动知识。掌握通识性的科学劳动常识，对自己所学的专业领域，以及对标未来工作事项所需要的必备劳动知识，有着较高的掌握程度，并能够综合利用、实现同其他所学科学知识的相互促进和融合。

劳动技能。掌握通用劳动必备技能，比如办公软件的应用、公文写作的初级技巧等。而针对特殊专业领域，如法律工作、金融财务工作等，掌握其具体技能，并能够按照国家规定获得从事相关职业所要求的技能鉴定证明。

获取劳动知识技能。以课程学习和自我学习为主，获取劳动知识和技能，并不断丰富和拓展其他能够获取劳动知识技能的方法，以便更有效率地获取最为重要、必要的劳动知识和技能。

具备劳动知识技能是大学生很快上手、参与劳动实践的必须条件。如果仅仅在观念上认可劳动、尊重劳动而没有具备劳动技能和知识，就不可能很好地开展劳动实践。没有方法指导的实践是盲目的、无效的、不可取的。

（三）劳动实践创造

制定劳动计划。能够根据自己的兴趣和自身特点，结合社会需求，科学制订符合自身条件的劳动计划乃至职业生涯规划，以便更好地发挥自身特长、实现自身价值。要注意的是，规划的制定必须有正确的劳动价值观的指导。

辛勤劳动。能够不畏艰辛、积极投入辛勤劳动，树立正确的职业选择观，具备在艰苦工作条件下依然坚持奋斗的精神，认识到艰苦奋斗是成就人生的必经过程和阶段，并在艰苦奋斗中养成坚韧不拔的品质。

诚实劳动。在劳动过程中，做到遵守学术规范和学术道德，不抄袭、不剽窃他人劳动成果，掌握一定的知识产权知识，尊重原创，信守承诺，保质保量做好已约定的劳动实践内容。

创造性劳动。充分认识创造性劳动的重要性，学会在投入劳动实践过程中，充分发挥自己的创造力、想象力，提高劳动成果中的科技含量、创新性，并有意识让创造性劳动在所有劳动内容中占比不断提高。

劳动习惯。能够积极并定期参加与学科专业相结合的公益性劳动、志愿服务、勤工俭学、社会实践，具备满足生存和发展所需要的基本劳动能力和素质，养成辛勤工作的劳动习惯。

劳动适度及维护劳动权益。合理分配劳动强度和时间，在劳动压力和强度已经影响身心健康时，能够适当缓解劳动压力，保证必要的休息。能够保护自己的正当劳动权益，在休息权益、报酬权益等受损时，能够利用相关途径维护合法权益。

劳动成果利用。正确对待自己的劳动成果，不刻意、竭尽全力、最大程度追求劳动成果为自己带来的名声及物质利益，而是以自己的劳动成果能够造福更多人为目的，以此实现劳动成果的最大价值。

应用劳动反馈。学会根据劳动实践的相关效果反馈，认识到自己在知识、能力上的不足，并加以充实，再次投入到劳动过程；能够科学评估自己在日常公益劳动、志愿服务、勤工助学、实习锻炼、社会实践等劳动过程中，能否保持正确的劳动认知、积极的劳动心态，并根据评估结果不断加以调整和完善。

劳动的本身就是实践，坐而论道、纸上谈兵，即使理论和方法再高深，没有实践也是虚无的。只有在理论的指导下，不断深入实践，并根据实践的反馈，进一步修正理论，进而再投入实践中，劳动的整个过程才是完备的。

第三节　人应有业　生当尽勤：大学生劳动教育培养实施路径

"天地生人，有一人应有一人之业；人生在世，生一日当尽一日之勤！"话剧《立秋》里晋商丰德票号的祖训说明了人生在于劳动、劳动在于尽勤，亘古不变的道理需要通过劳动教育走进大学生的心灵，融进大学生的实践，在劳动中理解人生、发现自己、走向未来、成就梦想。

劳动最光荣，劳动者最可爱！那么大学生如何以劳动助力梦想，以劳动成就未来呢？

一、在知识学习中提高劳动素质

高尔基曾说，我知道什么叫劳动，它是世界上一切欢乐和美好事情的源泉。一句话把劳动的意义、劳动的价值，清晰地勾勒了出来。劳动所带来的愉悦感和幸福感不是短时效应，它融入到一个人生命的始终。明劳动之理，立劳动之志，悟劳动之美，享劳动之成，这条完整的劳动价值链和操作链，让我们更深刻地领悟"劳动"的真谛。

大学生可能会问，劳动需要"学习"吗？答案是肯定的。知识对于劳动者来说，太重要了！

让我们把目光投向20世纪的80年代。1982年，上海市政工程设计院受市政府相关部门委托，正在做南浦大桥混凝土斜拉桥的可行性分析。日本桥梁专家向上海市的领导提出，如果南浦大桥项目委托给日本，日方可免费设计，并提供低息贷款。刚刚出任上海市科协主席的同济大学老校长李国豪闻讯，让他的学生项海帆代表同济大学桥梁系的教师立刻给市里写信，直言："中国桥梁工程界完全有信心、有能力自己设计和建造像黄浦江大桥这样规模和技术难度的大跨度桥梁。"他饱含一颗爱国赤子之心，说道："由外国人在国际桥梁会议的讲坛上演讲有关中国大桥的论文是难以想象的。"1991年11月，这座由中国自主建设跨度桥梁的起点之作，宛如一条昂首的巨龙横卧在黄浦江上，让上海人民圆了"一桥飞架黄浦江"的梦想。这段中国桥梁自主建造史上的佳话，被同济大学的师生们精心地编创成一部《同舟共济》舞台剧，继承大师的遗志，发扬同济天下的情怀。

桥梁专家李国豪坚持中国桥梁自主建造，这种底气和魄力从何而来！这是源于对中国桥梁技术的信心，对赶超世界先进水平的勇气。李国豪16岁考入同济大学，家境贫寒的他坚持读完2年德语、5年本科学业，于1936年以全优的成绩毕业，1938年获洪堡奖学金赴德留学，他的博士论文《悬索桥按二阶理论实用计算方法》发表后，立即引起德国桥梁工程界的极大反响，这位年仅27岁的中国青年获得了"悬索桥李"的美誉。他崇尚真知，严谨治学，将满腔的爱国情，化为对桥梁技术的不懈探索和追求，把爱国之志付诸爱国之行，成就了桥梁史上令所有中国人为之骄傲和深感鼓舞的历史瞬间！

中国的桥梁发展与腾飞，是中国砥砺奋进、赶超世界一流的缩影。同样，闪耀着劳动者智慧光芒的，还有被誉为"争气桥"的南京长江大桥和

"一桥飞架南北,天堑变通途"的武汉长江大桥。伟大的时代创造伟大的工程,伟大的工程反映伟大的时代。放眼神州大地,瞭望浩渺时空,"神舟"起航,"天舟"穿梭,"嫦娥"伴月,"天眼"落成,"蛟龙"深潜,"复兴"疾驰,"神威"发威,"鲲龙"首飞……回顾党的十八大以来的国家工程、国之重器,都是史无前例的壮举,都是对科技进步驰而不息的探索。港珠澳大桥的建成通车,再次印证了中国人民艰苦奋斗、创新发展的伟力,正如习近平总书记所说,"这是一座圆梦桥、同心桥、自信桥、复兴桥"。

可以说,没有知识的力量,就没有劳动的丰硕成果!劳动者的素质对一个国家、一个民族的发展至关重要。习近平总书记曾指出:"劳动者的知识和才能积累越多,创造能力就越大。提高包括广大劳动者在内的全民族文明素质,是民族发展的长远大计。"[①]大学生一定要明白,今天积累和掌握的知识的一点一滴,都是未来创造劳动价值的铺路石。把握知识、拥有知识,就拥有了劳动的力量!

二、在实践探索中精进劳动技能

中国商飞上海飞机制造有限公司高级技师胡双钱,从小就有飞机梦,他给自己定下的目标是:"造出世界一流的飞机。"大飞机的零部件中,最小的比曲别针还要细小,精度要求在十分之一毫米级,对工人的技术要求极高。胡双钱就苦练技术,常常一周六天把自己关在数控机加车间里,打磨、钻孔、抛光……利用边角废料练习手感,熟悉每一件工具设备。

他在工作中总结经验,发明了"反向验证法""对比复查法"等工作法,在车间推广。30多年里,他经手的零件上千万,没有出过一次质量差错,他用实际行动诠释对工作的热爱,用精益求精续写无差错的传奇。在中国自主研制的大型喷气式客机C919试飞前夕,胡双钱接到了一个紧急任务,在

---

① 习近平:《在庆祝"五一"国际劳动节暨表彰全国劳动模范和先进工作者大会上的讲话》,人民出版社2015年版,第9页。

边距只有几毫米的夹角上打出 6 个丝米精度的孔，精度要求高，时间任务紧，他带领团队临危受命，通宵工作、测量、计算、打孔……终于在天亮前提前圆满完成了任务。

在他的身上，我们看到的是大国工匠最严谨的工作态度和最执着的技术追求！这位生于 60 年代的技术工人，获得了全国劳动模范、全国"五一"劳动奖章，上海市质量金奖等荣誉称号，被誉为"航空手艺人"。

1990 年出生的陈行行，是大学生的同龄人和同路人。他身处国防军工——这个代表着一个国家制造业最高水准的专业领域，无数次地向技艺的极限发起挑战。他用比头发丝还细 0.02 毫米的刀头，在直径不到 2 厘米的圆盘上，打出 36 个小孔。有人形容这项任务，是比用绣花针给老鼠种睫毛还难；为了突破用于尖端武器装备上壳体的合格率，他经过无数次修改编程、调整道具、订正参数，变换走刀轨迹和装夹方式，将 50% 的壳体合格率提高到 100%！这不是一点点的改进，而是一个质的飞越。在"大国工匠 2018 年度人物"颁奖典礼上，组委会以一句"精益求精铸就青春信仰，用极致书写精密人生"来概括他的故事，这是再恰当不过了。

无论是老一辈技师典范的胡双钱，还是新生代技术能手陈行行，他们高超的零件加工技术，都是在漫长的车间时光中磨砺出来的。在奋进的新时代，我们要大书特书劳模精神，不怕苦、肯吃苦、能吃苦！要用干劲、闯劲、钻劲，通过不断地实践操练，实现劳动的精进。

明代哲学家王阳明有一次被弟子问及，为什么您的书法只练了半年时间，就能写出这么好的一手字来。王阳明则告诉弟子说，大凡做什么事都要做到"心上学、事上练"，练字如此，其他的事也一样。也就是说，仅仅有学习知识和技能的想法还不够，还需要用心、用力，通过在实践中反复地琢磨、练习，高标准、严要求，不断地精益求精，才能够真正地获得技能，掌握劳动的方法，取得较好的学习效果和劳动效果。

把专业知识转化成劳动技能，最好的途径就是参加社会实践。西安电子科技大学在陕西省延安市延川县文安驿镇梁家河村成立了全国高校首个大学生劳动教育实践基地——"红色筑梦"劳动教育实践基地。通过开展劳动实

图 15　同济大学翼驰车队在试车前反复检查赛车状态

践，引导学生树立"崇尚劳动、尊重劳动"的价值观，扎根中国大地，了解国情民情，在劳动实践中"受教育、长才干、做奉献"。北京联合大学学生处负责劳动教育课程建设、管理和考核，各专业培养方案均明确了"公益劳动 1 周（24 学时）0 学分、社会服务 1 周（24 学时）0 学分"，通过培养方案的具体设计，体现对劳动实践的硬性要求。①

习近平总书记曾多次深情回忆，自己在延安插队时作为一名普通劳动者的生活经历："刚刚参加劳动的小女孩，十五六岁，我们当时也十五六岁，拿跟我们一样的工分，我们觉得简直是一种歧视，实际上是自己没本事。但是这一年下来我就干得没黑没白，风里雨里我们都在窑洞里铡草，牲口圈里铡草，然后一样一样地学。当然这些，一年过去了以后全掌握了，体力也上来了。后来就评成十分，十分还是里边最壮的劳动力。"总书记的一番感慨，让我们深切体会到，任何时候都不能轻视劳动，只有劳动才能促进人的成长与发展，也唯有劳动才能创造幸福、创造未来。

三、生活点滴中养成劳动习惯

生活点滴是历史血脉的延续，而劳动让历史开天辟地，也因为劳动，人类开始睁眼看世界。

伏羲、神农、燧人、敢为人先、披荆斩棘，在劳动中开创华夏文明；尧、舜、禹、汤，以劳动寄托拳拳为民心，凭借煊赫功绩名扬天下。春秋战国时期，诸子争鸣。墨子提出劳动是人存在和发展的基础，人与动物的不同在于劳动，"今人故与禽兽麋鹿、蜚鸟、贞虫异者也""赖其力者生，不赖其力者不生"。明清之际，经世致用之风盛行，劳动实效凸显。黄宗羲、顾炎武、颜元反对理学空谈心性，提倡"实用""实习""实行""实证""实心"，发挥了劳动同教育相结合所具有的修己、安人、治国、平天下的作用，劳动

---

① 参见梁燕、侯兴蜀：《新时期高校开展劳动教育的意义与策略》，《北京教育（高教）》2019 年第 6 期。

的重要性得以彰显。

事实胜于雄辩，大学生在厚重的历史脉络中，就能认识到自古以来中华民族就具有崇尚劳动、艰苦奋斗的美德，一代代先辈辛勤置业、稻粱黍稷养活了数以亿计父老乡亲，一辈辈先哲制礼作文、孔孟老庄孕育了千载不衰的中华文化，劳动是中华民族屹立于世界民族之林的奥秘，一项项劳动成果是中国人引以为傲的智慧结晶。

风云变幻，时代流转，如今中华民族正面对着经济全球化、科学技术现代化的复杂时代。尽管时代变了，但中华民族崇尚劳动、热爱劳动的血液应始终流淌在大学生的血管中，让历史的厚重积淀在现代的舞台上再次焕发勃勃生机。每一个大学生都因为劳动而将自己的身影嵌入煌煌历史，让小我因为劳动而融进历史的大我。

每一个小我都是平凡的，平凡因劳动而伟大，生活因劳动而精彩。

良好劳动习惯的养成在于坚持，劳动也因坚持而可贵。"2018上海大学生年度人物"华东政法大学学生王晓婷自2016年加入到"上海手牵手生命关爱发展中心临终关怀志愿项目"后，每周都往返80公里为癌症晚期患者做临终关怀志愿服务，累计服务时长超过200小时，服务期间，她用爱与温暖陪伴患者走过人生最后一段时光，让服务的每一个生命都得到关怀和尊严，这就是坚持的力量。

坚持不仅是一个人的事情，更可以成为几代人初心的传递。甘肃古浪县的"八步沙"38年前还是不毛之地，而因为6位当地老汉和他们子孙三代38年的接续治沙、植树造林，累计治沙造林21.7万亩，管护封沙育林草37.6万亩，用世代的坚守换来了防风固沙的绿色长廊，他们将劳动的习惯真正融进了血脉、传给了子孙。

当然，生活中劳动的点滴，也是从做每一次家务、烧每一餐饭开始的。劳动的美好就在于，只要你肯努力，就会创造一种精致的生活。同济大学校友童启华让做包子成了一件美事，做包子也成了一门学问。在甘其食包子店，可以通过透明玻璃看到做包子的全过程，不仅看到操作师傅的手艺娴熟，更重要的是监督操作环境的整洁干净，让消费者品尝到一个个不仅美味而且安全放心的包子。除此以外，甘其食的包子讲究所有的面饼、馅料重量一致，标准化的制作要求和操作规范让中国包子走向美国、走向世界，点赞中国味道，而这些都是劳动赋予的神奇，是生活中劳动点燃的奇迹。

总而言之，用心劳动、用心生活，继承光荣历史传统，养成持之以恒的劳动习惯，就会收获生动诚挚的反馈和激励。

四、与时俱进中实现创新劳动

你知道，中国要造出价值1个亿的产品需要多长时间吗？据统计，在1978年，需要5个多小时，现如今，只需要不到2分钟。2017年我国的工业增加值达到了28万亿元人民币，按可比价格计算，比40年前增长了53倍，年平均增速超过10%。改革开放40年来，"中国制造"已经成为中国在国际上的一张名片。中国制造的下一站，是"中国创造"。

2017年10月，党的十九大胜利召开。各行各业的十九大代表齐聚一堂，创新驱动成为会场内外热议的焦点。"我是一个没有留过学的'土教授'，但今天我的科研团队里有很多欧美学生，他们向往来中国学习先进技术。国外同行也常常问我：中国高铁下一步怎么走？"中国科学院院士、西南交通大学列车与线路研究所所长翟婉明代表表示，过去5年中科研创新受到的关注与支持前所未有，尤其在轨道交通领域，我国拥有了世界上最完备的科研体系，也支撑了我国高铁产业的快速发展。

"超级计算是世界各国抢占的技术前沿。我们可以自豪地说，5年来通过加速赶超，中国的超级计算应用已处于世界领先水平。"国家超级计算天津中心应用研发部部长孟祥飞代表说，以前在超算领域，我们受制于人，一些国家有时甚至会"漫天要价"，而随着中国的超级计算速度走向世界第一，国外还经常派专家来参观学习。

2019年的《政府工作报告》提到，要加快发展新产业、新业态、新模式，推动战略性新兴产业的发展。"新"字当头，离不开创新与开拓。知识型、技能型、创新性的劳动者大军，正是这个新时代所渴求和急需的！

图 16　同济大学学子自主设计和施工建造梦想教室

第六章 营楼筑宇——大学生劳动教育之方

在这条创新发展的大道上，怎么能缺少大学生的身影呢？

2019年4月，一个春光明媚的下午，同济大学梦想教室主基地、江西瑞金叶坪中学和云南云龙团结中学三地互联，开展了第一堂梦想课堂的同步授课。通过互联网直播平台，在位于偏远乡村，由同济大学学生自主设计、施工与落地完成的梦想教室里，几所中学的孩子们热切地与远在上海的主讲人进行互动交流。

这个项目源于2017年，同济大学支教团在偏远地区、西部地区和革命老区，广泛筛选学校，通过"支教＋支建"的模式开展教育扶贫，利用"互联网＋教育"平台建设网络学习空间，实现了"云支教""云课堂"的长期支教帮扶。紧紧依托同济大学优势学科，将建筑学、设计学、环境心理学等多学科知识融入支教服务中，接连2个暑假，多批饱含热情的同学们奔赴全国8所中小学，通过自主设计和施工，为当地的中小学生送上了一个个承载着梦想的、多功能的"公共活动教室"，还为他们定制了独一无二的"专属课表"，15m² 的空间里承载着"看世界，更爱家乡"的教育扶贫理念，更是在用"硬件＋内容＋服务"的一体化为乡村输送教育资源，为当地学生托起明天的希望。

上海第一家"高校创业孵化示范基地"诞生在同济创业谷，在这里，每年会举办创新创业类活动200余场，海内外创新创业训练营6期，累计150余位学生可获得创新学分。这个助力创客是"从学校到社会的最后一公里"孵化平台，强调"学科交叉"，鼓励"科研转化"，激发"创业热情"，尽可能为试水创业的同学们提供全方位"智造"保障。

同济大学大四学生廖孟轩研发了一款手持式甲醛检测仪，与市场上的同类产品相比，体积更小，重量更轻，具备独一无二的"动态智能报警"功能，即使在低温环境下也不会让甲醛超标的家具、衣服漏网。正是得益于学校已有的专业仪器和数据，省下了该产品投入市场前不少研发成本。目前，已有近千个项目、近万人在同济大学两大校区创业谷内孵化。

在劳动中创新，在创新中劳动。引导大学生通过创造性的劳动实践开展创新创业，建设祖国、建设家乡。同济大学测绘与地理信息学院的毕业生依扎提古丽·阿布列利木在她的项目《农村生活污水对地下水的影响调查及解决方案》里说："我家乡的污井与水井仍然并排而建，我真的希望可以把学会的知识带回去，让更多乡亲喝到健康水。"

向好逸恶劳说不！向眼高手低说不！向鄙视劳动说不！让大学生和全社会一道，踏着新时代的激越鼓点，以劳动奏响奋进之歌，尊重劳动、弘扬劳模精神，让诚实劳动、勤勉工作蔚然成风，让劳动之姿、奋斗之态成为实现中华民族伟大复兴中国梦的磅礴力量！

后 记

2018年9月10日，全国教育大会召开，习近平总书记强调要坚持中国特色社会主义教育发展道路，培养德智体美劳全面发展的社会主义建设者和接班人。如何培养德智体美劳全面发展的社会主义建设者和接班人？如何围绕"五育"理念推进思政教育改革发展？如何将"五育"内容进一步分解与细化？如何构建实现"五育"目标落地、落细、落实的教育体系？如何检验育人实际成效？这些都是学校在贯彻落实全国教育大会精神时一直在思考的问题。在思考之余，我们逐渐有了一个想法，那就是，围绕德智体美劳"五育"的重要意义、内涵、指标体系、实施路径等内容进行深入研究和探索，并将成果以通俗易懂的方式，结合大量的实践案例，形成一本工具书，引导大学生重视自身全面发展，知晓未来努力的方向与目标。

经过课题组多次研讨和认真准备，编写工作于2018年9月底正式启动，围绕德、智（知、能）、体、美、劳，我们组建了6个工作小组，课题组成员数次研讨"五育"内涵、指标，确定书稿写作思路与目录。在撰写过程中，我们就书稿内容请教专家学者、调研身边的大学生，希望通过朴实的语言传递育人理念，用生动的案例揭示育人道理，用有效的路径解开育人难题。历经近一年时间反复打磨，数易其稿，甚至不惜推倒重来。我们希望，本书一方面能够展现同济大学在立德树人方面的实践与探索，同时也是汲取兄弟院校立德树人工作有效做法的成果展示。本书集思想性、科学性、实用性、可读性于一体，以期指引新时代大学生以奋斗写青春，以青春铸中国！

在本书策划和编写过程中，教育部思想政治工作司魏士强司长、张文斌副司长、宣教处陈郭华处长等领导给予了编写组系统性的指导；上海市教育卫生工作委员会副书记、上海市教育委员会副主任李昕教授针对本书的定位和内容的完善，提供了有针对性的建议；本书在同济大学党委的悉心指导下完成,党委书记方守恩教授欣然为本书作序,党委副书记徐建平教授多次深入参与编写组的研讨。同济大学党委学生工作部、研究生工作部刘润担任主编,负责全书策划和框架设计,王小莉、田苏宏任副主编。参加初稿撰写的有:李博、吴晓培、王宁(第一章);孙海燕、李小蜜(第二章);陆丽君、金文心、张小凡(第三章);杨霖怀、丁瑞庭、张南华(第四章);李疏贝、夏贞莉、许嘉城、贾童谣(第五章);杨霖怀、赵盈、殷娣娣、崔欣玉、陈春霞(第六章)。全书修改定稿工作由刘润主持,王小莉、田苏宏、王映、马林海、李博、李疏贝、杨霖怀参加此次修改定稿工作。

培养大学生德智体美劳全面发展是一个复杂的过程,我们希望将这一过程深入浅出地阐释出来,期待本书的探索与成果转化为现实的力量,为做好新时代教育工作提供参考和借鉴,并引发更多同行和学者对构建德智体美劳全面培养教育体系的思考。由于时间仓促,虽然我们已经努力地吸纳国内同行的研究成果,但因水平有限,难免有不当、不周之处,一些观点还有待深入探讨,恳请广大读者,尤其是广大学子和高等教育工作者批评指正。

本书编写组

2019 年 7 月 22 日

责任编辑：孔　欢
封面设计：周方亚
版式设计：东昌文化

图书在版编目（CIP）数据

塑体铸魂——时代新人成长之路 / 刘润 主编，王小莉 田苏宏 副主编 . —北京：人民出版社，2020.10
ISBN 978-7-01-022521-0

I.①塑… II.①刘…②王…③田… III.①高等学校-德育工作-研究-中国 IV.① G641

中国版本图书馆 CIP 数据核字（2020）第 195859 号

塑体铸魂
SUTI ZHUHUN
——时代新人成长之路

刘润　主编　　王小莉　田苏宏　副主编

人民出版社 出版发行
（100706　北京市东城区隆福寺街99号）

北京新华印刷有限公司印刷　新华书店经销

2020年10月第1版　2020年10月北京第1次印刷
开本：710毫米×1000毫米 1/16　印张：14.25
字数：215千字　印数：0,001–5,000册

ISBN 978-7-01-022521-0　定价：49.00元

邮购地址 100706　北京市东城区隆福寺街99号
人民东方图书销售中心　电话（010）65250042　65289539

版权所有·侵权必究
凡购买本社图书，如有印制质量问题，我社负责调换。
服务电话：（010）65250042